»Schreiben Sie uns!

Wir hoffen, dass Ihnen dieser Reiseführer gefällt und er Ihnen ein guter Begleiter auf einer außergewöhnlichen und spannenden Reise ist.

Weil ein Reiseführer von Erfahrungen lebt, sind wir an Ihren Erlebnissen interessiert: Haben Sie im Buch ein Restaurant entdeckt, das es nicht mehr gibt, eine Sehenswürdigkeit, die wir noch nicht aufgeführt haben, oder eine falsche Adresse? Dann schreiben Sie uns!

Wir nehmen jeden Hinweis und jede Kritik ernst und arbeiten kontinuierlich daran, die Bücher aktuell zu halten und immer weiter zu verbessern. Auch wenn wir nicht jeden Wunsch erfüllen können, machen wir uns immer Gedanken über Ihre Anmerkungen.

Schreiben Sie an: info@reise-know-how.de oder Reise Know-How Verlag Peter Rump GmbH, Postfach 140666, 33626 Bielefeld

Wenn sich Ihre Infos direkt auf das Buch beziehen, bitten wir um die Angabe der Seitenzahl und der Auflagennummer bzw. des Erscheinungsjahres. Besonders hilfreiche Beiträge belohnen wir mit einem Sprachführer Ihrer Wahl aus unserer „Kauderwelsch"-Reihe.

Herzlichen Dank und gute Reisen
Ihr Reise Know-How Verlag

Diesem Buch wurde hier ein herausnehmbarer Faltplan beigefü
Sollte er beim Erwerb des Buches nicht mehr vorhanden sein, f
händler nach.

Liebe Leserin, lieber Leser,

ein unabhängiger Verlag für unabhängig Reisende – das sind wir, der Reise Know-How Verlag aus Bielefeld, eines der letzten Familienunternehmen in der Branche. Obwohl wir zu den größten Reiseführerverlagen Deutschlands gehören, ist der familiäre Umgang miteinander in allen Bereichen des Verlagslebens zu spüren: In der Geschäftsführung in zweiter Generation, in einer wertschätzenden Arbeitsatmosphäre, in der Nähe zu unseren frei arbeitenden Autorinnen und Autoren, im engen Austausch mit unseren Leserinnen und Lesern – und auch in der Zusammenarbeit mit Druckereien in Deutschland, in denen wir ausschließlich und regional unsere Bücher produzieren. Die sollen schließlich erst mit Ihnen auf große Reise gehen.

Alles, was wir in unsere Bücher und Landkarten stecken, soll Ihnen eines ermöglichen: Auf Ihre ganz eigene, individuelle Weise die Welt zu entdecken. Wir wünschen Ihnen viel Freude und unvergessliche Erlebnisse mit diesem Reiseführer.

Es grüßen herzlich
Peter Rump & Wayan Rump

Das „Heilige Land" in den Alpen

Höhere Berge als Bayern und niedrigere Preise als die Schweiz: Tirol liegt im Herzen der Alpen und ist ein ideales Reiseziel für Berg-, Natur- und Kulturliebhaber. Urlauber erwarten einige der schönsten Alpentäler samt idyllischen Dörfern. Es gibt glasklare Alpengewässer wie den Plansee 58 oder den Achensee 14 und atemberaubende Passstraßen wie das Hahntennjoch (s. S. 111) oder die Kaunertaler Gletscherstraße (s. S. 102). Gleichzeitig liegen einige der schönsten Städte Österreichs in Tirol: neben der pulsierenden Hauptstadt Innsbruck 25 auch das mondäne Kitzbühel 8 sowie die Mittelalter-Städte Hall 36 und Kufstein 1. Hinzu kommen uralte Kirchen und Klöster, geheimnisvolle Burgen und lohnenswerte Tier- und Freizeitparks. Nicht zuletzt weiß Tirol mit seiner hervorragenden Küche und traditionellen Gastfreundschaft zu überzeugen. Nicht zu Unrecht trägt das Bundesland deshalb innerhalb Österreichs den liebenswerten Beinamen „Heiliges Land". Freilich ist in unserer Zeit auch in Tirol längst nicht alles heilig. Doch es gibt immer noch jede Menge zauberhafte Ecken, die einen Urlaub vielleicht nicht heilig, aber möglicherweise heilsam, heiter und unvergesslich machen.

Der Autor

Sven Eisermann ist unweit der Tiroler Grenze in Bayern geboren. Schon in der Kindheit ging es mit den Eltern regelmäßig nach Tirol – sei es zum Bergsteigen, Skifahren oder um eines der guten Gasthäuser zu besuchen. In den vergangenen Jahren hat sich die Liebe zu Tirol privat und beruflich noch vertieft – insbesondere was Kultur, Natur und die Tiroler Mentalität betrifft. „Die Tiroler sind ein liebenswertes und fröhliches Völkchen, das sich in verrückten Zeiten seine Natürlichkeit und authentische Gastfreundschaft bewahrt hat. Gleichzeitig lassen sich die Tiroler nichts gefallen. Sie sind einerseits konservativ, andererseits ganz vorne dabei, wenn es beispielsweise um ökologische und regionale Produkte geht", so der Autor. Sein CityTrip Innsbruck ist mittlerweile in der 5. Auflage erschienen. Vor einigen Jahren hat sich Sven Eisermann einen langjährigen Kindheitstraum erfüllt: Mit dem Rennbob durfte er durch den olympischen Eiskanal in Igls 34 rasen (s. S. 76). Letztes Jahr ist er unter anderem in den Natureispalast 24 mit seinen Gletscherspalten hinabgestiegen. Beides können Sie, liebe Leser, ebenfalls erleben – die Informationen dazu liefert dieses Buch.

105mt-se

Meine

002mt-se

12 Wallfahrtskirche Mariastein [O3]

Eine Kirche in einem Burgturm! Dieses Gotteshaus ist wirklich unverwechselbar. Über mehrere Stockwerke geht es immer weiter nach oben und dabei gibt es jede Menge zu entdecken. Neben etlichen kleineren Kapellen und der Wallfahrtskapelle im obersten Stockwerk kann man ein mit bunten Kugeln beleuchtetes Heiliges Grab bewundern. In Mariastein herrscht gelebter Tiroler Glaube (s. S. 35).

006mt-se

Gasthaus Arzkasten

Dieses wunderbare Wirtshaus in der Nähe von Stift Stams 42 ist nur über eine nicht asphaltierte Straße zu erreichen und überzeugt mit seiner traumhaften Lage auf dem Mieminger Plateau. Im Freien sitzend genießt man die Landschaft und erfreut sich an den delikat zubereiteten Tiroler Schmankerln (s. S. 88).

003mt-se

Dampfnostalgie am Achensee 14

Sie ist die älteste ausschließlich mit Dampf betriebene Zahnradbahn der Welt: Bereits seit dem 19. Jh. tun die nostalgischen Lokomotiven ihren Dienst. Die Fahrt kann man perfekt kombinieren mit einer Schifffahrt über den bezaubernden Achensee, Tirols majestätischen Fjord (s. S. 44).

004mt-se

15 Schloss Tratzberg [M4]

Wer an schönen Dingen Gefallen findet, wird Schloss Tratzberg lieben. Das Renaissance-Bauwerk bietet Kunsthandwerk des 15. und 16. Jh. in Perfektion. Neben dem farbigen Stammbaum der Habsburger und den Außenfresken faszinieren besonders das Mobiliar und die Einrichtungsgegenstände (s. S. 45).

Lieblingsorte

24 Hintertuxer Gletscher mit Natureispalast [L8]

Auf über 3000 m Höhe besteht die einzigartige Möglichkeit, eine glitzernde Gletscherhöhle samt Eiskapelle zu besuchen. Es geht durch Gletscherspalten zu märchenhaften Hohlräumen mit bizarren Eiszapfen. Sogar eine Bootsfahrt auf dem unterirdischen Gletschersee ist möglich (s. S. 58)!

005mt-se

13 Rattenberg [N4]

Dieses mittelalterliche Juwel sollte sich kein Tirol-Besucher entgehen lassen. Die kleinste Stadt Österreichs bietet Großes im Hinblick auf Kultur und Geschichte. In der malerischen Altstadt haben sich etliche Glasbetriebe angesiedelt. Von der Burg aus genießt man eine herrliche Aussicht bis ins Inntal (s. S. 37).

074mt-tw © Alpbachtal Tourismus/Grießenböck Gabriele

45 Fernsteinsee [F5]

Mit seinem glasklaren Wasser ist das Gewässer gewiss einer der schönsten Seen Österreichs. Bereits der bayerische Märchenkönig Ludwig II. war hier Stammgast. Lohnenswert ist eine Umrundung des Sees und ein Besuch der romantischen Ruine Sigmundsburg auf der inmitten des Sees ruhenden Insel (s. S. 93).

007mt-se

53 Festung Altfinstermünz [C10]

Die in einer tiefen Schlucht des jungen Inn gelegene Burg wirkt wie eine Filmkulisse. Mitten im Fluss steht bis heute ein alter Turm aus dem Mittelalter. Am anderen Ufer findet man sich bereits im Schweizer Graubünden wieder. Es gibt ein interessantes Museum und eine Klausenschenke. Schon der Weg von Hochfinstermünz hinab in die Klamm ist ein Erlebnis (s. S. 103).

037mt-se

Inhalt

103mt-se

Bewertung der Sehenswürdigkeiten

★★★ nicht verpassen
★★ besonders sehenswert
★ wichtig für speziell interessierte Besucher

Updates zum Buch

www.reise-know-how.de/meintrip/tirol23

Farbenprächtige Deckenmalerei im barocken Stift Stams 42

Benutzungshinweise

Orientierungssystem

Die in den folgenden Kapiteln beschriebenen Attraktionen sind jeweils mit einer **fortlaufenden magentafarbenen Nummer** (1) gekennzeichnet, die sich als Ortsmarke im Faltplan oder Ortsplan wiederfindet. Steht die Nummer im Fließtext, verweist sie auf die ausführliche Beschreibung dieser Attraktion.

Alle weiteren Points of Interest wie Unterkünfte, Restaurants oder Cafés tragen ein **Symbol und eine fortlaufende rote Nummer** (1).

Die Angabe in **eckigen Klammern** verweist auf das Planquadrat im Faltplan bzw. auf die Seitenzahl des Ortsplans. Beispiele:
13 Rattenberg ★★★ [N4]
1 [S. 144] Altstadthotel Weisses Kreuz

Befinden sich Points of Interest außerhalb der Ortspläne, kann ihre Lage wie die aller Ortsmarken mithilfe der **begleitenden Web-App** (s. S. 143) angezeigt werden:
www.reise-know-how.de/meintrip/tirol23

Der Schmetterling ...

... zeigt an, wo man besonders gut Natur erleben kann oder Angebote im Bereich des nachhaltigen Tourismus findet.

Kinder-Tipps

Das Symbol kennzeichnet Sehenswertes, Unterkünfte und Aktivitäten, an denen auch kleine Urlauber ihre Freude haben.

Preiskategorien

Gastronomie

Der Preis bezieht sich auf ein Hauptgericht ohne Getränk.

€	bis 15 €
€€	16–22 €
€€€	über 22 €

Unterkünfte

Die Preise gelten für eine Person im Doppelzimmer inkl. Frühstück.

€	bis 60 €
€€	60–120 €
€€€	über 120 €

Vorwahlen

- **Deutschland:** 0049
- **Österreich:** 0043
- **Schweiz:** 0041

Die Telefonnummern in diesem Buch sind stets mit der entsprechenden Ortsvorwahl, aber ohne die Ländervorwahl Österreichs angegeben.

TIROL IM ÜBERBLICK

075mt-tw© TVB Tannheimer Tal/Ehn Wolfgang

Tirol – ein Porträt

Eines sei vorab erwähnt: Bei diesem Buch handelt es sich um einen Reisebegleiter für **Nordtirol.** Das italienische Südtirol und die Exklave Osttirol sind nicht enthalten. Die Gesamtregion Tirol zu behandeln, hätte bei einem kompakten Reiseführer wie diesem die Folge, dass viele Orte und Attraktionen nur oberflächlich beschrieben werden könnten. Zudem beschränken sich Urlauber heutzutage in der Regel auf eine bestimmte Gegend. Ziel dieses Buches ist es deshalb, Nordtirol als klar definierte Region genauer zu beleuchten. Denn zweifellos gibt der Hauptteil des **österreichischen Bundeslandes Tirol** jede Menge her: Zwischen dem Lechtal 60 im Westen und dem unteren Inntal im Osten, im Zentrum die liebenswerte Metropole Innsbruck 25, verspricht dieser Landstrich eindrucksvolle Erlebnisse und reichlich Abwechslung.

Vorseite: In Tirol die Seele baumeln lassen – hier im Tannheimer Tal 59

Prächtiger Bergbauernhof im Kaisertal 3 *nahe Kufstein* 1

Aufgeteilt ist dieses Buch **von Ost nach West** in mehrere **Teilregionen:** Vom Tiroler Unterland aus führt die Route über das Zillertal 20 in Richtung Innsbruck. Selbstverständlich wird auch der quirligen und kulturverwöhnten Landeshauptstadt und ihrem Umland der Platz eingeräumt, den sie verdient. Weiter geht die Reise ins Tiroler Oberland mit seinen urwüchsigen Seitentälern wie Ötztal 46 und Pitztal 50, ehe der Außerfern mit Reutte 57 den nordwestlichen Abschluss bildet.

Freilich, die **Alpen** sind in Tirol der Hauptdarsteller und zeigen sie sich hier auch besonders facettenreich: Von hügeligen Landschaften, saftigen Almen, malerischen Gebirgsseen und sanften Gebirgstälern bis hin zu atemberaubenden 3000ern und eisigen Gletschern reicht die Palette. Und so wird auch die Tiroler Bergwelt in diesem Band nicht zu kurz kommen.

Angesichts ihrer Gebirgslandschaft ist die Region auch ein ideales Reiseziel für **Aktivurlauber.** Neben klassischen Betätigungen wie Bergsteigen, Mountainbikefahren oder Wintersport gehören auch Freizeitaktivitäten mit Nervenkitzel-Garantie wie Rafting oder Canyoning (s. S. 118) zum vielseitigen Angebot.

009mt-se

031mt-se

Doch Tirol besteht nicht nur aus Bergen und Seen. Das Land im Herzen Mitteleuropas blickt auf eine jahrtausendealte **Geschichte und Kultur** zurück, die sich anhand prächtiger Kirchen und Klöster, mittelalterlicher Altstädte und spannender Museen manifestiert. Gleichzeitig ist Tirol ein **Land der Kontraste**. Innerhalb eines Tages kann man hier beides haben: tagsüber die Bergeinsamkeit eines winzigen Tals mit alten Höfen, Kuhglocken und blühendem Enzian und abends beispielsweise das pulsierende Leben der Alpenmetropole Innsbruck.

Dies ist aber noch längst nicht alles: Als i-Tüpfelchen sind die Tiroler selbst zu erwähnen – mitsamt ihrer bodenständigen **Gastfreundschaft**, ihren kulinarischen **Schmankerln** und uralten **Traditionen**. Erst diese besondere Mischung aus Landschaft, Kultur und Menschen macht Tirol zum „Heiligen Land“. Und wer dies spürt, wird immer wieder kommen.

Glasklares Naturjuwel: der Fernsteinsee 45

Steckbrief Tirol (Nordtirol)

- **Fläche:** ca. 10.000 km²
- **Einwohner:** ca. 625.000
- **Hauptstadt:** Innsbruck 25
- **Bezirke:** Innsbruck-Land, Innsbruck-Stadt, Imst 43, Kitzbühel 8, Kufstein 1, Landeck 51, Reutte 57, Schwaz 17
- **Angrenzende Regionen:** im Westen Vorarlberg und Graubünden (Schweiz), im Norden Bayern, im Osten Salzburg, im Süden Südtirol (Italien)
- **Höchste Erhebung:** Wildspitze (3768 m)
- **Tiefster Punkt:** Erl 5 (465 m)
- **Wichtigste Täler:** Inntal, Lechtal 60, Pitztal 50, Ötztal 46, Stubaital, Wipptal 38, Zillertal 20
- **Wappen:** Tiroler Adler, ein gekrönter roter Adler auf silbernem Schild mit zwei grünen Zweigen
- **Namensherkunft:** unbekannt, vermutlich aus vorrömischer Zeit stammend, möglicherweise Bezug auf einen Landschaftsnamen im Umkreis von Schloss Tirol (bei Meran, Italien)

Tiroler Teilregionen

Tiroler Unterland, Kaiserregion und Zillertal

Das Tiroler Unterland besteht aus den **Bezirken Kufstein** 1, **Kitzbühel** 8 und **Schwaz** 17. Neben den drei gleichnamigen Bezirkshauptstädten liegt hier auch das winzige **Rattenberg** 13 mit seiner malerischen Altstadt. Die Region ist durch ihre **Nähe zu Oberbayern** geprägt und gehörte auch geschichtlich lange Zeit zu den bayerischen Nachbarn.

Die abwechslungsreiche Landschaft hat viel zu bieten: Neben bekannten Gebirgsketten wie dem **Kaisergebirge** in der **Kaiserregion** zwischen Kufstein und St. Johann (s. S. 33) oder dem **Karwendel** locken im Unterland auch einige der schönsten **Burgen und Schlösser** wie die Festung Kufstein 2 oder Schloss Tratzberg 15. Außerdem kann sich das Unterland **mit Tirols größtem See**, dem **Achensee** 14, brüsten, der auch liebevoll „Tiroler Meer" genannt wird. Eine eigenständige, kleine Region, die vom Tiroler Unterland aus nach Süden abzweigt, stellt das berühmte **Zillertal** 20 dar.

Innsbruck und Umgebung

Die **Tiroler Mitte** besteht aus den **Bezirken Innsbruck-Stadt** 25 und **Innsbruck-Land** und wird gerne auch als Zentralraum oder **mittleres Inntal** bezeichnet. Angesichts seiner Topografie ist es eine der wenigen Ecken Tirols, in der sich Städte ausbreiten konnten – und dies trifft vor allem auf die Landeshauptstadt zu. Neben Innsbruck sticht vor allem die altehrwürdige Nachbarstadt **Hall in Tirol** 36 hervor.

☑ *Sehenswerter Ort mit viel Geschichte: Schwaz 17 im Inntal*

011mt-se

Im Innsbrucker Ballungsraum lebt fast jeder zweite Nordtiroler. Trotz der dichten Besiedelung gibt es auch rund um die Metropole jede Menge **alpine Naturlandschaft.** Von der Altstadt ist es sogar nur ein Katzensprung zu den Ausläufern der **Nordkette** 30 oder zum **Bergisel** 32 mit seiner berühmten Skisprungschanze. In Richtung Brenner erstrecken sich das **Wipptal** 38 und einige reizvolle Seitentäler.

Tiroler Oberland

Das Oberland heißt so nicht ohne Grund: Im Vergleich zu Innsbruck und dem Unterinntal sind die meisten Gemeinden in größeren Höhen gelegen, die Täler sind enger und die Berggipfel mit **zahlreichen 3000ern** sind um ein Vielfaches größer als etwa im Karwendel oder rund um Kitzbühel. Mit dem Ötztal 46, dem Pitztal 50 und dem Kaunertal 52 gibt es zudem ganz besonders **urwüchsige Täler**, in denen einige der größten **Gletscher** Tirols bis heute überlebt haben.

Zum Tiroler Oberland – bestehend aus den beiden **Bezirken Imst** 43 und **Landeck** 51 – zählt ferner das **Paznauntal** 54 im äußersten Südwesten Tirols sowie das sogenannte **Obere Gericht**, das sich bis zum Reschenpass (s. S. 104) an der Grenze zu Südtirol erstreckt. Hier ist der Inn noch ein wilder Gebirgsfluss, der sich durch tiefe Schluchten – vorbei an der alten **Festung Altfinstermünz** 53 – zwängt. Mit dem **Stift Stams** 42 besitzt das Oberland zugleich das bedeutendste und **größte Kloster Nordtirols.**

Stift Stams 42 ist das mächtigste Kloster Nordtirols

Meine Literaturtipps

- Drewes, Maria: **Tiroler Küche,** Tyrolia. Wer auch nach seiner Tirol-Reise nicht auf alpenländische Schmankerln verzichten möchte, findet in diesem kulinarischen Standardwerk fast 500 Rezeptideen.
- Fischer, Andrea; Ritschel, Bernd: **Alpengletscher – eine Hommage,** Tyrolia. In diesem bildgewaltigen und wissenschaftlich fundierten Werk werden auch Tiroler Gletscher gewürdigt.
- Meighörner, Jeannine: **Die Wolkenbraut,** Haymon Verlag. Fundierter historischer Roman rund um das spannende Leben der Augsburger Bürgerstochter Philippine Welser auf Schloss Ambras 33, in dem der historisch nachgewiesene Hofzwerg Thomele riesenhafte Bedeutung erlangt.
- Weiss, Sabine: **Maximilian I. Habsburgs faszinierender Kaiser,** Tyrolia. Ein dickes Buch, das für Geschichtsinteressierte kaum Wünsche offen lässt – es ist gut recherchiert, reich bebildert und darüber hinaus unterhaltsam geschrieben.

038mt-se

Zwischen Lechtal und Zugspitze: der Außerfern

Der Außerfern liegt im äußersten Nordwesten des Bundeslandes und besteht ausschließlich aus dem **Bezirk Reutte** mit der gleichnamigen **Bezirksstadt** 57. Hier grenzt Tirol an das Allgäu, kulturhistorisch ist die Region **schwäbisch und alemannisch geprägt.** Dünn besiedelte, wunderschöne Naturlandschaften finden sich im **Lechtal** 60 und in den kleinen, abzweigenden Seitentälern. Der Paradeberg des Außerfern ist die berühmte **Zugspitze** 55, die sich Tirol mit Bayern teilt. Ein besonders beliebtes Ausflugsziel ist die **Burgenwelt Ehrenberg** 56 mit ihrer spektakulären Hängebrücke.

Im Lechtal 60 bildet der Gebirgsfluss eine ursprüngliche Naturlandschaft

Unterkunft finden

Tirol ist **eine der beliebtesten Urlaubsregionen Österreichs.** Über 10 Mio. Menschen verbrachten 2022 ihren Urlaub in den Tiroler Bergen; mehr als 40 Mio. Übernachtungen konnten verbucht werden.

Die meisten Übernachtungsbetriebe haben die Corona-Pandemie aufgrund staatlicher Unterstützungen überlebt und dementsprechend hoch ist nach wie vor das Angebot an Pensionen und Hotels. Dennoch kann es passieren, dass die Unterkünfte in einigen Regionen sowohl im Winter als auch im Sommer **ausgebucht** sind. Deshalb empfiehlt es sich, rechtzeitig zu buchen, am besten online.

Wer sich schon früh informiert und zeitnah bucht, wird in der Regel mit seinem Quartier zufrieden sein. Ganz allgemein sind die meisten Unterkünfte sauber und man erhält servicetechnisch wie kulinarisch **gute Qualität** für sein Geld. Touristennepp ist in Tirol zum Glück die Ausnahme.

In der Region wird eine **Kurtaxe** (s. S. 131) erhoben.

Die besten Standorte

Ein lohnenswerter Standort, um in alle vier Tiroler Himmelsrichtungen auszuschwärmen, ist die **Landeshauptstadt Innsbruck** 25 und ihr Umland. Hier wird es nie langweilig und man hat täglich die Wahl zwischen Stadtbummel, Museumsbesuch und Naturerlebnis. Nicht allzu weit von der Alpenmetropole entfernt und mit der S-Bahn erreichbar ist der beliebte Ferienort **Seefeld** 40.

Ein idealer Standort im **Zillertal** 20 ist der kleine Ort **Stumm** 21. Er liegt zentral und ruhig etwa in der Mitte des Tals. Etwas mehr Rummel herrscht dagegen in **Mayrhofen** 22. Wer es gerne etwas mondäner mag, ist vermutlich in **Kitzbühel** 8 gut aufgehoben und kann von hier aus den Tiroler Osten erkunden. Eine reizvolle Verbindung von Berggipfeln und Badevergnügen gelingt am **Walchsee** 6, am **Fernsteinsee** 45 oder in Pertisau [L4] am **Achensee** 14.

Im Tiroler Oberland bieten die beiden Städte **Imst** 43 und **Landeck** 51 eine gute touristische Infrastruktur und dienen als perfekter Ausgangspunkt für Ausflüge in die Umgebung.

Wer echtes Gebirgsfeeling liebt, findet in den vielen kleinen Seitentälern oder in den Bergsteigerdörfern der Höhenstraßen den passenden Ort – beispielsweise im abgeschiedenen **Venter Tal** 49, in den Dörfern des **Sellrain** [H–I6] oder im idyllischen **Paznauntal** 54.

Die besondere Unterkunft

1 [S. 144] **Altstadthotel Weisses Kreuz** €€, Herzog-Friedrich-Str. 31, Innsbruck 25, Tel. 594790, www.weisseskreuz.at. **Wo schon Mozart weilte:** Boutiquehotel in einem Bau aus dem 15. Jh., das im Herzen der Altstadt Komfort und Design vereint. In dem traditionsreichen Haus logierte 1769 niemand geringerer als Leopold Mozart gemeinsam mit seinem Sohn Wolfgang Amadeus. Im Jahr 2020 renoviert und umgestaltet, stehen heute 48 sogenannten Kammern, drei Suiten und die „Besenkammer" für den anspruchslosen Gast zu Wahl.

2 **Arlberg Hospiz Hotel** €€-€€€, St. Christoph 1, St. Anton am Arlberg, Tel. 05446 2611, www.arlberghospiz.at. **Refugium in der einstigen Pilgerherberge:** Schon seit dem 14. Jh. gibt es am Arlbergpass, im Tiroler Oberland direkt an der Grenze zu Vorarlberg, eine Herberge auf 1800 m Höhe. Erbaut wurde sie 1387, zusammen mit einer dem hl. Christophorus geweihten Kapelle. Zwar ist die heutige Bausubstanz nicht mehr mittelalterlich, doch das Hauptgebäude hat sich seinen historischen Stil bewahrt. Durch Umbauarbeiten ist in den vergangenen Jahren ein modernes Hotel entstanden, das besonders bei Wintertouristen beliebt ist. Geräumige Suiten für Familien.

Nostalgische Unterkunft am Achensee 14

013mt-se

076mt-tw © Tirol Werbung_Hörterer Lisa

🏨**3 Der Tannenhof – das Radfahrerhotel** €-€€, Hinterbichl 12, Lechaschau, Reutte 57, Tel. 05672 63802, www.tannenhof-reutte.at. **Ideal für Radfahrer und Wanderer im Lechtal 60:** Wie der Name schon sagt, hat sich das Hotel auf Reisende spezialisiert, die entlang des Lechwegs wandern sind oder das Tal per Zweirad erkunden. Das Hotel ist in schöner Landschaft gelegen, besitzt eine kleine Kapelle und bietet ein sehr gutes Preis-Leistungs-Verhältnis, saubere Zimmer (auch Einzelzimmer) sowie ein köstliches Frühstück.

⚠**4 Ferienparadies Natterer See** €-€€, Natterer See 1, Natters, Tel. 0512 546732, www.natterersee.com. **Im Baumhaus oder Fass übernachten:** Dieser unweit der Landeshauptstadt Innsbruck gelegene, preisgekrönte Campingplatz bietet neben den üblichen Stellplätzen auch besondere Übernachtungsmöglichkeiten: etwa in Wood-Lodges mit Baumhaus-Charakter, im Tiny House mit Panoramafenster oder in kuscheligen Kiefernholz-Schlaffässern. Dazu gibt es Badespaß, Freizeitangebote und Gastronomie.

🏨**5 Golf- und Sporthotel Moarhof,** Schwaigs 42, Walchsee, Tel. 05374 5378, www.moarhof.at. **Badeteich und Bergpanorama unweit des Walchsees 6:** Das Hotel befindet sich in unmittelbarer Nachbarschaft zum Naturschutzgebiet Schwemm in einer ruhigen Gegend des Tiroler Unterlandes. Es besitzt einige urige Holz-Chalets mit direktem Zugang zu einem Badeteich. Angeschlossen ist ein kleiner Golfplatz. Das Restaurant bietet neben Tiroler Küche Pizzen aus dem Holzofen. Auf der Terrasse kann man gut die Seele baumeln lassen.

🏨**6 Hotel Schloss Fernsteinsee** €€, Fernstein 475, Nassereith, Tel. 05265 5210, www.fernsteinsee.at. **Schlafen wie der Märchenkönig:** Wer es etwas verschnörkelt und nostalgisch liebt, ist hier genau richtig. Das Hotel ist ein wahres Schatzkästchen aus Antiquitäten, alten Ölgemälden und Büsten. Jedes Zimmer ist individuell gestaltet und obwohl das Hotel direkt an der Fernpass-Straße gelegen ist, schläft man wegen der schalldichten Fenster dennoch ruhig. Die Suiten befinden sich im alten Teil des Schlosses etwas oberhalb des Neubaus. Bereits Bayerns König Ludwig II. hatte hier eine ständige Residenz. Perfekt als Ausgangspunkt für Wanderungen im Tiroler Oberland oder um auf dem Fernsteinsee 45 Boot zu fahren. Eigene Liegewiese für die Gäste. Das Frühstück ist hervorragend, das Restaurant serviert gutbürgerliche Tiroler Küche. Insgesamt ein exzellentes Preis-Leistungs-Verhältnis für die einmalige Möglichkeit, wie ein König zu schlummern.

🏨**7 Hotel Tipotsch** €-€€, Dorfstr. 30, Stumm 21, Tel. 05283 2269, www.hotel-tipotsch.at. **Zentral und günstig im Zillertal 20:** Das Hotel im Ortskern offeriert Übernachtungen in ordentlichen Zimmern zu einem guten Preis-Leistungs-Verhältnis, dazu gibt es ein empfehlenswertes Frühstücksbuffet. Angeschlossen ist ein empfehlenswertes Restaurant (Tiatta), das neben Tiroler Gerichten schmackhafte Pizzen zubereitet. Ideal für die Anreise mit der Zillertalbahn (s. S. 56): vom Bahnhof Kaltenbach-Stumm über die Zillerbrücke und ca. 10 Min. zu Fuß.

8 Hotel und Wirtshaus Zur Schanz €€-€€€, Schanz 1, Ebbs 4, Tel. 05372 64550, www.schanz.tirol. **Schlafen unterhalb des Kaisergebirges:** traditionsreicher, allein stehender Hof mit kleiner Kapelle unterhalb des Zahmen Kaisers zwischen Kufstein 1 und Ebbs im Tiroler Unterland. Komfortables Viersternehotel mit gemütlich eingerichteten Zimmern und gehobener Tiroler Küche.

9 Kräuterbauernhof Sagenschneider's €-€€, St. Christina 96, Ried, Tel. 0650 9241418, www.urlaubambauernhof.at/de/hoefe/sagenschneiders. **Urlaub auf dem Bauernhof im oberen Inntal:** Familien mit Kindern oder erholungsbedürftige Stadtmenschen können hier echtes Landleben genießen – inklusive Ponyreiten, Waldbaden, Kräuterwanderung und Führung durch ein historisches Sägewerk. Es gibt ein Doppelzimmer und eine Ferienwohnung.

10 Schneedorf Hochoetz €€€, Oetzerberg 56, Oetz, Tel. 0676 9123900, www.schneedorf.com. **Übernachten im Iglu:** Diese nur zwischen Dezember und Anfang April buchbaren Unterkünfte sind für Flachlandtiroler ein ganz besonderes Erlebnis, gelegen auf 2000 m Höhe im Ötztal 46 – von der klassischen Iglu-Übernachtung über die Candlelight Night für Verliebte bis hin zum Iglu-Bauworkshop. Nichts für Kälteempfindliche!

Urige Unterkunft: der Kräuterbauernhof Sagenschneider's

Wie die Region am besten erkunden?

Tirol mit **öffentlichen Verkehrsmitteln** zu bereisen, sollte zwar gründlich geplant sein, ist aber kein Ding der Unmöglichkeit. Wer seinen Urlaub auf die **Landeshauptstadt Innsbruck** 25 und deren nähere Umgebung beschränkt, ist mit öffentlichen Verkehrsmitteln sogar im Vorteil und erspart sich lästige Staus, Mautgebühren und Parkplatzsorgen.

Mit **Post- und Linienbussen** gelangt man prinzipiell auch in kleine Seitentäler – hier will die Anreise jedoch gut geplant sein. Teilweise verkehren die Busse nur zu bestimmten Uhrzeiten, an Wochenenden manchmal gar nicht. Eine wertvolle Planungshilfe bietet hier die Website des **Verkehrsverbunds Tirol** (VVT, s. S. 18).

Auch in entlegene Winkel wie das Stubaital [I8–J7] gelangt man mit öffentlichen Verkehrsmitteln

077mt-tw © Tirol Werbung_Pupeter Robert

Regelmäßige Zugverbindungen der **Österreichischen Bundesbahnen (ÖBB)** sowohl im Nah- als auch im Fernverkehr existieren im gesamten Inntal zwischen Landeck 51, Innsbruck und Kufstein 1. Von der Landeshauptstadt aus sind per Zug auch der Brenner und Seefeld in Tirol 40 gut zu erreichen. Von **Wörgl** [O3] aus verkehren Nahverkehrszüge nach St. Johann [R2] und Kitzbühel 8. Von Deutschland und der Schweiz aus bestehen internationale Zugverbindungen. Seit 2022 fährt die private österreichische **Westbahn** von Wien nach Innsbruck mit Zwischenstopps in Kufstein und Wörgl.

Neben Innsbruck ist der Ort **Jenbach** [M4] ein wichtiger Verkehrsknotenpunkt im Schienenverkehr. Hier startet die private **Zillertalbahn** (s. S. 56), die im Halbstundentakt Mayrhofen 22 ansteuert (Ticketverkauf auch im Zug).

Der VVT bietet **Einzel- und Tagestickets,** Wochen- und Monatstickets sowie spezielle Fahrkarten für Senioren, Jugendliche, Familien und Studenten. Erwerben lassen sie sich an allen Ticketautomaten, in den Bahnhöfen, in den Fahrzeugen selbst sowie in den VVT- und IVB-Vorverkaufsstellen. In ländlichen Regionen Tirols erhält man Einzelfahrscheine in der Regel auch direkt beim Busfahrer.

Während die meisten **Skilifte** im Frühling ihren Betrieb einstellen, sind viele **Seilbahnen** das ganze Jahr über im Einsatz. So gelangt man etwa in Windeseile am Hintertuxer Gletscher 24 oder im Kaunertal 52 auf über 3000 m Höhe.

- **Verkehrsverbund Tirol (VVT):** www.vvt.at
- **Postbus:** www.postbus.at
- **Österreichische Bundesbahnen (ÖBB):** www.oebb.at
- **Westbahn:** www.westbahn.at
- **Innsbrucker Verkehrsbetriebe und Stubaitalbahn (IVB):** www.ivb.at
- **Zillertalbahn:** www.zillertalbahn.at
- **Apps für Auskunft und Ticketkauf:** s. S. 132

Am Bahnhof raus und weiter mit dem Fahrrad – in Tirol kein Problem!

078mt-tw © Tirol Werbung_Berger Gerhard

079mt-tw © Tirol Werbung_Aichner Bernhard

Tiroler Unterland, Kaiserregion und Zillertal

Die im Folgenden beschriebene Unterregion macht einen **bedeutenden Teil des Bundeslandes Tirol** aus. Es ist auch ein sehr **abwechslungsreicher Landstrich:** Im **Unterinntal** wollen Städte wie Kufstein ❶ oder Rattenberg ⓭ und Schlösser wie Tratzberg ⓯ entdeckt werden. Vom majestätischen **Kaisergebirge** geprägt ist der Westen Tirols zwischen Ebbs ❹ an der bayerischen Grenze und dem Bezirk Kitzbühel ❽. Der klingende Ort selbst lockt mit einem umfangreichen Freizeitangebot und im Winter mit dem vielleicht berühmtesten Skirennen der Welt. Auch das bezaubernde **Zillertal** ⓴, dessen Name unwillkürlich an Kirchen- und Kuhglockengeläut denken lässt, zieht Besucher in seinen Bann.

❶ Kufstein ★★ [P2]

„Kennst du die Perle, die Perle Tirols? Das Städtchen Kufstein, das kennst du wohl. Umrahmt von Bergen, so friedlich und still. Ja, das ist Kufstein, dort am grünen Inn. Ja, das ist Kufstein am grünen Inn.“

So lautet der Beginn des berühmten **Kufsteinliedes** von **Karl Ganzer** aus dem Jahr 1947, das die Bezirkshauptstadt in der Nachkriegszeit auch musikalisch weit über die Grenzen Tirols hinaus bekannt gemacht hat. Kufstein liegt direkt an der bayerischen Grenze. Von hier fließt der Inn weiter ins Alpenvorland und in Richtung Rosenheim. Hin und wieder ist der Inn tatsächlich grün, meistens ist seine Farbe aufgrund der aufgewühlten Sedimente jedoch eher schlammig-grau. Doch dies schmälert keineswegs den malerischen Gesamteindruck mit der stolz auf einem Hügel thronenden **Festung** und dem **Hausberg Pendling** im Hintergrund.

Die Textpassage „friedlich und still“ ist mittlerweile mit Vorsicht zu genießen. Seit Jahren leidet der Kufsteiner Raum unter starker Verkehrsbelastung auf den Landstraßen und durch die Inntalautobahn, insbesondere seit Einführung der Grenzkontrollen. In der Innenstadt bekommt man davon jedoch nicht so viel mit. Die historische **Altstadt** ist teilweise **Fußgängerzone** und der Hauptverkehr wird vorbeigeleitet. Mit rund 20.000 Einwohnern ist Kufstein heute die **zweitgrößte Stadt Tirols.**

Bereits in römischer Zeit an einer wichtigen Militärstraße am Inn gelegen, war die Stadt im frühen Mittelalter ein heiß umkämpfter **Zankapfel zwischen Bayern und Tirol.** Die 1205 urkundlich erwähnte Festung gehörte zum Herzogtum Bayern; kurzzeitig gelangte sie 1342 als Brautgeschenk anlässlich der Vermählung von Gräfin Margarete Maultasch von Tirol-Görz mit dem Wittelsbacher Ludwig dem Brandenburger an Tirol, ehe sie 1369 im Frieden von Schärding wieder an Bayern fiel. Ende des 14. Jh. erhielt Kufstein das **Stadtrecht**, 1415 ließ der Bayernherzog Ludwig VII. („der Gebartete“) die Festung wehrhaft ausbauen, was sie dennoch nicht vor der Erstürmung 1505 sicherte. Damals ließ der Habsburger **Maximilian I.** (s. S. 65) die Festung mit schwerem Geschütz sturmreif schießen und gliederte sie ins Habsburgerreich ein, wenngleich noch bis ins 19. Jh. das oberbayerische Landrecht Gültigkeit hatte.

◁ *Vorseite: Der Münzerturm ist das Wahrzeichen von Hall in Tirol* ㊱

Im 16. und 17. Jh. profitierte die Stadt von der florierenden **Innschifffahrt** und den damit verbundenen **Mauteinnahmen.** Im 18. Jh. nahm der bayerisch-österreichische Konflikt während des Spanischen Erbfolgekriegs wieder an Fahrt auf und Kurfürst Max Emanuel legte Kufstein in Schutt und Asche. Noch bis Ende der Napoleonischen Kriege ging es zwischen den Nachbarn munter hin und her, ehe die Stadt 1814 dauerhaft österreichisch wurde.

Obgleich politische Konflikte häufig mit Blutvergießen auf dem Schlachtfeld ausgefochten wurden, ging es in der einfachen Bevölkerung in der Regel weniger kriegerisch zu. Seit Jahrhunderten gab es familiäre Verbindungen zwischen Tirolern und Bayern: So mancher bayerische Bauer bandelte mit einer Tiroler Bäuerin an, ebenso wie bayerische Mägde bei der Tiroler Männerwelt Gefallen fanden und umgekehrt. Trotz des Dialektunterschieds existiert bis heute ein reger kleiner Grenzverkehr zwischen bayerischem und Tiroler Inntal sowie ein freundschaftliches Verhältnis unter den Nachbarn.

Lohnenswerte Ziele in der direkten **Umgebung** Kufsteins sind neben dem **Kaisertal** ❸ der nördlich gelegene **Hechtsee**, der gut für eine Umrundung geeignet ist, und der **Thierberg** mit seiner Kapelle.

› www.kufstein.at

Kufsteiner Altstadt

Die Altstadt erstreckt sich zwischen Innbrücke und Festungsanlage ❷, ist recht übersichtlich und kann relativ schnell besichtigt werden. Herzstück ist der gleich an die Innbrücke anschließende **Untere Stadtplatz** mit dem **Marienbrunnen** im Zentrum. Im oberen Bereich des Platzes ist das Kufsteiner **Rathaus**, dessen Fundamente noch aus dem 16. Jh. stammen, ein Blickfang. Die treppenförmige Giebelfassade geht auf das Jahr 1923 zurück.

Die Fassade des Kufsteiner Rathauses, dahinter der Turm der Pfarrkirche

Die wohl hübscheste und fotogenste Gasse der Altstadt ist die **Römerhofgasse**, die im unteren Areal des Stadtplatzes rechts abzweigt und parallel zur Innpromenade verläuft. Hier befinden sich das einstige **Weinhaus Batzenhäusl**, das nach wie vor existierende Wirtshaus **Auracher Löchl** und weitere Lokale, welche die Gasse zum kulinarischen und ehemals weinseligen Zentrum der Altstadt machen – weinselig insofern, als noch vor einigen Jahrzehnten viele Bayern nach Kufstein pilgerten, weil der Wein hier günstiger war.

Östlich des Rathauses schließt sich an den unteren der **Obere Stadtplatz** an, dessen markantestes Bauwerk das Sparkassengebäude aus dem Jahr 1877 darstellt.

Auf halber Höhe zwischen Oberem Stadtplatz und Festung steht die **Stadtpfarrkirche St. Vitus.** Die dreischiffige Hallenkirche stammt aus dem frühen 15. Jh. und wurde später barockisiert. Das **Altargemälde** von **Josef Arnold dem Älteren** (1788–1879) am klassizistischen Hochaltar aus der Werkstatt des Tiroler Bildhauers Josef Stumpf zeigt den hl. Vitus zusammen mit Maria, dem Jesusknaben und einer Engelsschar. Rechts unterhalb der Figurengruppe erkennt man den Kupferkessel, in dem Vitus in kochendem Öl gemartert wurde, als Attribut des Märtyrers. Große Teile der Kirchenausstattung stammen aus dem 19. Jh. An der Außenfassade der Kirche sind einige barocke Grabplatten erhalten geblieben – darunter auch eine eindrücklich-morbide **Memento-Mori-Darstellung** eines Leichnams, bei dem sich eine Schlange den Weg durch den Totenschädel bahnt.

11 Auracher Löchl €€, Römerhofgasse 4, Tel. 05372 62138, www.auracher-loechl.at, geöffnet: Mo.–Fr. 17–23, Sa./So. 12–23 Uhr. Traditionsreiches Kufsteiner Weinhaus mit Tiroler Küche und guten Steaks.

Unübersehbar und wehrhaft thront die Kufsteiner Festung über dem Inn

015mt-se

2 Festung Kufstein ★★ [P2]

Sie ist das Wahrzeichen der Stadt, Besuchermagnet und ein echtes Tiroler Unikat: Die Festung Kufstein ist unter den österreichischen Burgen einzigartig in ihrem Erscheinungsbild, was besonders dem mächtigen **Rundturm** geschuldet ist. Seit 1522 thront er über dem Inn – errichtet wurde er vom gegen die Bayern siegreichen **Kaiser Maximilian I.** (s. S. 65).

Die Burg selbst ist jedoch einige Jahrhunderte älter und wurde bereits 1205 als **Castrum Coafstein** erwähnt, damals noch im Besitz der Regensburger Bischöfe. In ihrer bewegten Geschichte wurde sie immer wieder bekriegt, beschossen, teilweise zerstört und wieder errichtet. Heute dient die Burg unterschiedlichen Zwecken: als **Veranstaltungsort** für Konzerte und Festivals sowie in erster Linie als touristisches Aushängeschild der Bezirkshauptstadt.

Das Festungsgelände besteht aus ausgedehnten Freiflächen mitsamt tiefen **Brunnen** und **Felsengängen** (Kasematten), Gartenanlagen, einer Kanonensammlung und mehreren Gebäudeteilen. Im ehemaligen Kasernenbau ist ein **Heimatmuseum** untergebracht, das über die Frühzeit der Region informiert und einige steinzeitliche Tierskelette aus dem Kaisertal 3 präsentiert. „Hinter Gitter“ kann man sich im Museum im ehemaligen **Staatsgefängnis** begeben. Seit 2019 existiert eine **Dauerausstellung,** die sich mit Kaiser Maximilian I. und seiner Zeit auseinandersetzt.

Ein besonderes Highlight der Burg ist musikalischer Natur: Mit seiner **Heldenorgel** besitzt Kufstein die **größte Freiluftorgel der Welt.** Sie ist im **Bürgerturm** untergebracht, wird aber etliche Meter tiefer vom Fuße der Festung aus bedient. Zu hören ist ihr zehnminütiges Spiel täglich um 12 Uhr mittags (im Juli und August auch um 18 Uhr). Damit wird an die Gefallenen der beiden Weltkriege erinnert.

› Festung 2, Tel. 05372 66525, www.festung.kufstein.at, geöffnet: Apr.–Anf. Nov. tägl. 9–18, sonst tägl. 10–17 Uhr, Eintritt: Kombiticket inkl. Berg- und Talfahrt mit der Panoramabahn (barrierefreier Zugang) 13,50 €, Schüler 8 €, Familien 28 €, spezielle Eintrittspreise beim Ritterfest zu Pfingsten (www.ritter-fest.de)

3 Kaisertal ★★ [P2]

Direkt vor den Toren Kufsteins 1 liegt mit dem Kaisertal eine der abwechslungsreichsten und urtümlichsten Naturschönheiten Tirols.

Die Tatsache, dass das Tal mitsamt seinen Höfen mit Ausnahme von Anrainern für den motorisierten Durchgangsverkehr gesperrt ist und nur erwandert werden kann, hat dem Tal seinen **ursprünglichen Charme** erhalten. Freilich: An sonnigen Wochenenden ist das beliebte Naherholungsziel durchaus von Wanderenthusiasten frequentiert, von Massentourismus kann jedoch keine Rede sein.

Wanderer können – je nach Fitnessgrad und Wanderlust – entscheiden, wie weit sie ins Tal vordringen möchten. Konditionsstarke Bergsteiger erklimmen auch gerne die Gipfel des **Zahmen Kaisers.** Empfehlenswert ist auf jeden Fall eine **Wanderung zur idyllischen Antonius-Kapelle,** von der aus man einen wunderbaren Blick auf die spektakulären Felswände des **Wilden Kaisers** genießt. Auf dem Weg dorthin gibt es etliche weitere Höhepunkte zu entdecken. Nachdem der erste, ziemlich steile Anstieg über ca. 280 Stu-

017mt-se

fen vom Parkplatz aus überwunden ist, geht es mit mäßiger Steigung weiter ins Tal hinein. Ein leicht zu übersehender Wegweiser weist auf die **Tischhofer Höhle** hin, die über einen kleinen, steilen Steig hinunter zum Kaiserbach erreichbar ist. Die 40 m lange, 20 m breite und 8,50 m hohe Höhle ist eines der bedeutendsten Denkmäler der Tiroler Frühzeit und erwies sich als **archäologische Fundgrube.** Die Artefakte beweisen, dass die Höhle bereits vor rund 30.000 Jahren von Menschen besiedelt war. Zudem fand man die steinzeitlichen Knochen von etlichen Höhlenbären, zwei Höhlenhyänen und einem Höhlenlöwen.

Wieder zurück auf dem Kaisertal-Hauptweg wird die Landschaft nun immer malerischer. Mit dem **Veitenhof,** dem **Pfandlhof** und dem besonders schönen **Hinterkaiserhof** nahe der Antonius-Kapelle bieten sich auch einige Möglichkeiten für Speis und Trank oder für eine Rast, um die Seele baumeln zu lassen. Etwas höher gelegene Hütten sind die **Ritzau-Alm** und die **Vorderkaiserfeldenhütte.**

Seit einigen Jahren haben sich im Kaisertal wieder **Kolkraben** angesiedelt. Die großen, eleganten und klugen Rabenvögel bei ihrem Flug zu beobachten, ist ein besonderer Glücksfall.

› www.kaisertal.at
› **Anfahrt:** von Kufstein (1) aus die B175 Richtung Ebbs (4) nehmen und beim Kreisverkehr der Beschilderung zum großen Kaisertal-Wanderparkplatz (gebührenpflichtig) folgen. Alternativ Buslinie 1 von Kufstein Bhf. bis Kaisertal.
› **Wanderung zur Antoniuskapelle und zurück:** ca. 2½ Std. (mit Besuch der Tischhofer-Höhle ca. 45 Min. länger). Der erste Teil des Weges ist nicht barrierefrei.
› **Zahmer und Wilder Kaiser:** www.zahmerkaiser.com, www.wilderkaiser.info

(4) Ebbs ★ [P1]

Zwischen Erl (5) und Kufstein (1) liegt die Gemeinde Ebbs vor den Gipfeln des Zahmen Kaisers. Ebenso wie Erl ist sie geprägt vom kleinen **Inntaler Grenzverkehr** zwischen Bayern und Tirol. Zwei besondere Kirchenbauten und ein tierisches Highlight hat der Ort zu bieten.

Zunächst zu den Gotteshäusern: Die **Pfarrkirche Mariä Himmelfahrt** – teilweise liebevoll als „Dom zu Ebbs" bezeichnet – ist ein barocker Prachtbau aus dem 18. Jh. Der oberbayeri-

Beliebtes Fotomotiv: die Antoniuskapelle im Kaisertal (3)

Neugieriger Gesell: ein Katta im Raritätenzoo Ebbs

sche Kirchenbaumeister **Abraham Millauer** (1683–1758) hat der Kirche architektonisch seinen Stempel aufgedrückt. Das Gnadenbild der Muttergottes stammt vermutlich noch aus dem gotischen Vorgängerbau.

Oberhalb des Ortes thront das zweite kirchliche Kleinod, die **Wallfahrtskirche St. Nikolaus.** Einstmals befand sich hier eine alte Ritterburg. Die gotische Filialkirche steht auf einem Hügel namens Buchberg und wird von manchen Einheimischen und lokalen Touristikern als **Kraftplatz** bezeichnet – angeblich soll man beim Umrunden des Baus negative Energie loswerden bzw. neue Kraft tanken können. Wie dem auch sei, ein idyllisches Plätzchen ist St. Nikolaus mit seinen drei großen, außerhalb der Kirche stehenden **Holzkreuzen** und dem **Panoramablick ins Inntal** allemal. Das Kircheninnere beeindruckt mit fünf Heiligenfiguren und großen Fresken an den Seitenwänden.

Man erreicht die Kirche zu Fuß in rund 15 Min. vom **Parkplatz des Raritätenzoos Ebbs,** womit wir auch schon bei der dritten Attraktion wären: ein Tierpark am Fuße des Kaisergebirges, der seit vielen Jahren eine Fangemeinde von Klein bis Groß anzieht. Seinen ungewöhnlichen Namen erhielt er von seinen Gründern, dem Ehepaar Eberl, die ihn 1991 als Volieren-Anlage für seltene oder vom Aussterben bedrohte Vogelarten gründeten. Vögel wie Uhu oder Flamingo kann man nach wie vor bewundern, im Laufe der Jahrzehnte haben sich jedoch etliche Reptilien und Säugetiere dazugesellt, darunter Riesenschildkröten, Nasenbären, Fischotter und Rhesusaffen. Besondere Beliebtheit genießen die frechen Berberaffen. Zusätzlich gibt es einen Koiteich und einen **Streichel-Bauernhof.** Nach den schwierigen Corona-Jahren strömen die Gäste heute wieder in die tierische Arche Noah am Fuße des Kaisers.

› **Anfahrt:** Von Kufstein ❶ über die B175 kommend zwischen Pfarrkirche und Hotel Oberwirt rechts in die Kaiserbergstr. abbiegen und der Beschilderung zum Raritätenzoo folgen. Alternativ Buslinie 4030 von Kufstein Bhf. bis Ebbs-Schulzentrum und 15 Min. Fußweg.

★12 **Raritätenzoo Ebbs,** Kruckweg 20, Parkplatz Haflingerweg, Tel. 0664 4553630, www.raritaetenzoo.at, geöffnet: Apr.–Nov. 9–17 Uhr, Eintritt: 11 €, Kinder 4–16 Jahre 6 €, Familien ab 25 €

13 **Café Auszeit,** Mühltal 6b, Tel. 0664 73639464, www.auszeit-ebbs.at, geöffnet: Mi.–So. 8.30–14 Uhr. Schlaraffenland für Liebhaber von Frühstück und Brunch. Liebevoll garnierte regionale Leckereien und schöne Terrasse in der Nähe des Raritätenzoos.

039mt-se

5 Erl ★ [P1]

Die Gemeinde Erl ist der äußerste **Tiroler Vorposten im Unterinntal.** Auf der gegenüberliegenden Innseite liegt bereits das bayerische Niederaudorf, wenige Kilometer nördlich ein kleiner Grenzübergang und dahinter das bayerische Nußdorf am Inn. Am **Kranzhorn** (1368 m) – dem markanten **Grenzberg** mit wunderschöner Aussicht über das Inntal (s. Wandertipp auf S. 115) – stehen ein bayerisches und ein österreichisches Gipfelkreuz.

Bereits in römischer Zeit war die Gegend um Erl besiedelt, was ein **Mithras-Stein** beweist, der sich in der **Pfarrkirche St. Andreas** befindet. Der Mithraskult war in spätrömischer Zeit häufig in Österreich und Südbayern anzutreffen.

Gleich zwei kulturelle Highlights kann die kleine Gemeinde ihr Eigen nennen: die Passionsspiele und die Tiroler Festspiele.

Alle sechs Jahre – das nächste Mal 2025 – finden die **Erler Passionsspiele** statt. Die Tradition geht vermutlich auf ein Gelübde während der Pestzeit zurück und ist seit 1613 nachweisbar. Bei den von Mai bis Oktober dauernden Aufführungen wirkt fast das gesamte Dorf mit – von den Kindern bis zu den Senioren. Die Bewohner widmen der Vorbereitung des Spektakels einen Großteil ihrer Freizeit, die Männer lassen sich monatelang Bärte wachsen. Neben Oberammergau gilt Erl als einer der ältesten Passionsspielorte Europas. Neueren Datums ist das weit ins Inntal erstrahlende, weiße **Passionsspielhaus:** Es entstand zwischen 1957 und 1959 nach Plänen des Innsbrucker Architekten Robert Schuller und gilt als architektonisches Paradebeispiel der Nachkriegsmoderne. Lange Zeit war man sich nicht bewusst, dass das Gebäude auch über eine **fantastische Akustik** verfügt – angeblich soll der rumänische Star-Dirigent Sergiu Celibidache in den 1980er-Jahren den akustischen Wert des Gebäudes erkannt haben.

Wenige Jahre später fanden 1997 die ersten **Tiroler Festspiele** in Erl statt. Ins Leben gerufen wurden sie von dem Salzburger Dirigenten und Karajan-Schüler Gustav Kuhn, der den „kleinen grünen Hügel" von Erl in den kommenden Jahren weit über die Grenzen Tirols hinaus bekannt machte. Seine Wagner-Inszenierungen zogen sogar Opernliebhaber aus Japan und den USA ins Inntal. Nach massiven Vorwürfen bezüglich sexueller Übergriffe legte der umstrittene Maestro die Leitung der Festspiele 2018 nieder.

Seit 2014 finden die Tiroler Festspiele im neuen **Festspielhaus** statt, das der Tiroler Bauunternehmer Hans Peter Haselsteiner neben das Passionsspielhaus stellen ließ. Das futuristische, dunkle Gebäude bildet einen spannenden Kontrast zum hellen Passionsspielhaus – so wirkt das Ensemble fast ein wenig wie Yin und Yang. Ungeachtet ihrer modernen Architektur harmonieren die Bauten mit der sie umgebenden Bergwelt und sind mittlerweile ein **Wahrzeichen der Region.**

Unweit des Festspielkomplexes liegt etwas versteckt hinter Bäumen ein natürliches Kleinod: die **Blaue Quelle.** Mit seinem klaren türkis-blauen Wasser ist der kleine Quellteich seit 1926 offiziell das **älteste Naturdenkmal Tirols.** Gewaltige 700 bis 1000 Liter Wasser pro Sekunde werden aus der Tiefe gedrückt und machen die 7–9 °C kalte Karstquelle

zur größten Trinkwasserquelle Westösterreichs. Auf den ersten Blick wirkt der kleine See nicht tiefer als ein bis zwei Meter; in Wirklichkeit ist das Naturjuwel jedoch 4,50 m tief. Wenige Meter unterhalb des Quellteichs befindet sich der **Gasthof Blaue Quelle.**

› www.erl.at/tourismus, www.passionsspiele.at

14 Festspielhaus Erl, Mühlgraben 56, www.tiroler-festspiele.at, Tel. 05373 8100020. Gleich nebenan steht das Passionsspielhaus.

15 Gasthof Blaue Quelle €€, Mühlgraben 52, Erl, Tel. 05373 8128, www.blauequelle.at, geöffnet Mi.–Sa., Küche 12–13.45 u. 18–21.15, So. 12–13.30 u. 17.30–20.30 Uhr. Bekannt ist das Wirtshaus u. a. für seine fangfrischen Forellen und andere Tiroler Spezialitäten. Auch Hotelbetrieb mit ordentlichen Zimmern und gepflegter Gastlichkeit.

Radfahren in idyllischer Landschaft – hier oberhalb des Walchsees

6 Walchsee ★ [Q1]

Während man den Achensee 14 gerne als Tiroler Fjord bezeichnet, könnte der Walchsee als Tiroler Adria gelten. Natürlich handelt sich hier weder um ein Meer noch um einen übermäßig großen See, aber im Sommer ist das natürliche Alpengewässer ein ideales Reiseziel für **Badefreunde,** die es etwas wärmer mögen. Im Gegensatz zu seinen eiskalten Kollegen erreicht der See im Sommer nämlich eine **Wassertemperatur** von angenehmen 23 °C. Kein Wunder, dass sich hier **Familien mit Kindern** ebenso wohlfühlen wie ältere Menschen. Es gibt eine **breite touristische Infrastruktur:** Das Übernachtungsangebot reicht von großen Hotels mit Schwimmbad bis hin zu Campingplätzen. Man kann Wasserski fahren, Boote ausleihen, angeln und um das Gewässer wandern.

Auch mit einer interessanten **Sage** kann der See aufwarten: Anstelle des

21 m tiefen Gewässers soll hier einst ein Wald gestanden haben, um dessen Nutzung sich mehrere Anwohner stritten. Eine Sennerin, die mit dem Streit nichts zu tun hatte, durchquerte eines Tages den Wald, um zu ihren Kühen zu gelangen und sah auf dem Weg eine kleine Wassergrube. Als sie zurückkehren wollte, hatte sich der kleine Tümpel zu einem veritablen See entwickelt.

Sehenswert ist die barocke **Pfarrkirche** des **Hauptortes Walchsee**, die Johannes dem Täufer geweiht ist und zusammen mit ihrem Friedhof unweit des Seeufers steht. Sie stammt in ihrer heutigen Form aus dem 17. Jh., der Turm ist ursprünglich gotisch.

Eines der schönsten Gebäude der Gegend ist das an der Hauptstraße gelegene Hotel und Gasthaus **Walchseer Hof** mit schmucker Wandbemalung.

Rund einen Kilometer nordwestlich vom Hauptort erstreckt sich das **Naturschutzgebiet Schwemm**, ein **Moorgebiet** mit markantem **Aussichtsturm**. Von der Aussichtsplattform kann man mithilfe eines Teleskops kostenlos Vögel beobachten. Allerdings lohnt es sich, möglichst früh auf die Pirsch zu gehen, da tagsüber viele Familien mit Kindern den Turm bevölkern. Zwischen Mai und Oktober finden sonntags um 14 Uhr kostenlose **Führungen** durch das Schutzgebiet statt (Treffpunkt am Turm).

› www.kaiserwinkl.com/de/walchsee-tirol.html

16 Walchseer Hof €€, Dorfplatz 2, Tel. 05374 5233, www.walchseerhof.com. Gute Küche, regionale Bioprodukte, der Fokus auf Nachhaltigkeit – ein Ort zum Wohlfühlen.

› **Naturschutzgebiet Schwemm:** www.kaiserwinkl.com/de/moor-schwemm.html

7 Wallfahrtskirche Maria Klobenstein ★ [Q1]

In den vergangenen Jahrzehnten ist das Bewusstsein der Bevölkerung für besondere Plätze – sogenannte **Kraftorte** – deutlich gewachsen. Direkt an der bayerisch-tirolerischen Grenze zwischen Kössen und Schleching gibt es einen solchen Kraftort.

Der **Marienwallfahrtsort** Maria Klobenstein ist in vielerlei Hinsicht einzigartig: Zum einen ist sie der Schauplatz eines Stein- und eines Quellkults, zum anderen werden hier gleich mehrere Gnadenbilder der Muttergottes verehrt. Nicht minder beeindruckend ist die urwüchsige Landschaft im **Durchbruchstal der Tiroler Achen**, die zum Wandern einlädt.

Das einzige, was es hier nicht gibt: ausreichend **Parkplätze!** Wer sich dem Ort von Bayern oder Tirol aus nähert, findet leider nur einige Parkbuchten neben der Hauptstraße und die sind speziell an den Wochenenden häufig belegt. Direkt von der Straße aus führt ein kleiner **Pfad** hinunter zum Heiligtum.

Kurz vor der Kirche prangt der sogenannte **Klobenstein**, ein Ensemble zweier markanter Felsen, die durch eine **Felsspalte** geteilt sind. Durch diese führt ein enger Weg. Der **Sage** nach ging einstmals eine alte Frau durch das wilde Tal, als ein gewaltiges Grollen anhob, sich ein riesiger Felsblock aus der Gebirgswand löste und die Frau zu erschlagen drohte. Verzweifelt wandte sie sich an die Muttergottes. Diese ließ den Felsen in zwei Teile sprengen, die rechts und links der Frau zum Stehen kamen, sodass sie keinen Schaden nahm. Einer anderen Sage nach klagte ein bayerisches Mütterchen, dass ihr ein Fels den Weg zum Wallfahrtsort blockierte. Mit himmlischem Beistand wurde der Fels daraufhin gespalten und ein direkter Zugang ermöglicht. Seither wird der Stein als gekloben, also gespalten, bezeichnet.

Nachgewiesen ist die Wallfahrt seit der Barockzeit. Insgesamt drei Kapellen dienen den Gläubigen zum Gebet: Die **Loretokapelle** birgt eine **Schwarze Madonna**, die auch als bayerische Madonna bezeichnet wird. Dahinter steht die **Mariahilfkapelle** mit einem eigenen **Gnadenbild.** Etwas unterhalb der Kirche existiert zudem eine kleine **Lourdes-Kapelle** mit einer angeblich **heilkräftigen Quelle.**

Als heiliger Ort direkt an der Grenze diente Maria Klobenstein traditionell als Begegnungsstätte bayerischer und Tiroler Pilger. Nach wie vor treffen sich hier aber auch Wanderer, Erholungssuchende und Kraftort-Anhänger. Unterhalb der Kirche lädt das **Gasthaus Klobenstein** zur Einkehr ein – denn wie in der Region üblich, gehört zum Seelenheil auch das körperliche Wohlergehen.

Ein besonderer Kultort: die Wallfahrtskirche Maria Klobenstein

- **Anfahrt:** auf der Landstraße von Kössen nach Schleching direkt vor dem Tunnel an der bayerischen Grenze, wenige Parkplätze auf der linken Straßenseite
- **Wallfahrtskirche Maria Klobenstein,** Klobensteiner Str. 583, Kössen, frei zugänglich

17 **Gasthaus Klobenstein** €, Klobensteiner Str. 72, Tel. 0676 5531793, www.gasthaus-klobenstein.com/gasthaus, geöffnet: Sa.–Do. 10–19 Uhr. Lauschig in der Natur gelegenes Gasthaus unterhalb der Wallfahrtskirche. Neben Kaffee und Kuchen gibt es Tiroler Schmankerln.

MEIN TIPP

In luftigen Höhen über der Entenlochklamm

Von der **Wallfahrtskirche Maria Klobenstein** 7 aus verläuft eine beliebte Wanderroute namens **Schmugglerweg.** In wenigen Minuten gelangt man zur **Entenlochklamm,** auch bekannt als **Klobensteinschlucht,** mit ihrer imposanten **Hängebrücke** über den Gebirgsbach. Hier hat die Tiroler Ache auf ihrem Weg durchs Gebirge eindrucksvolle, teils senkrecht stehende Felsformationen hinterlassen.

★18 **Hängebrücke Klobenstein,** Klobensteiner Str. 73, Kössen

018mt-se

082mt-tw © Tirol Werbung_Schwarz Jens

8 Kitzbühel ★★ [R3]

In Tirol ist Kitzbühel etwas Besonderes: Zum einen ist die Bezirkshauptstadt aufgrund ihres alpinen Abfahrtsrennens international bekannt, zum anderen ist sie nicht ganz typisch für das Bundesland.

Einerseits liegt die Stadt geografisch schon recht nahe an Salzburg, andererseits gibt es historisch enge Verflechtungen mit Bayern, die sich auch in einer eigenen, durchaus mit dem oberbayerischen Dialekt verwandten **Mundart** widerspiegelt – „**Kitzbichi**" ist die Eigenbezeichnung. Auch ein eigenes Völkchen lebt in und um Kitzbühel. Wer etwas auf sich hält, hat hier sein Haus oder seine Villa, die SUV-Dichte ist hoch und die Autokennzeichen stammen nicht nur aus Tirol, sondern auch aus Wien oder München. Viele der **Reichen und Schönen** haben hier ihren Zweitwohnsitz und treiben die Immobilienpreise seit Jahrzehnten in die Höhe.

Das wichtigste Event des Jahres, ohne das die Berühmtheit Kitzbühels nicht zu erklären wäre, ist das jährlich stattfindende **Hahnenkamm-Rennen auf der Streif** (s. S. 120). Mit der extrem steilen **Mausefalle** und der **Hausbergkante** gilt das im Januar stattfindende Spektakel als eines der gefährlichsten und prestigeträchtigsten Skirennen der Welt. Vor und nach dem Rennen heben viele Unterkünfte im Ort ihre Preise deutlich an und praktisch jede Kammer ist bis aufs letzte Bett ausgebucht. In und um Kitzbühel steigen rauschende Partys, unter anderem die traditionelle Weißwurstparty beim **Stanglwirt** in Going am Wilden Kaiser. Sehen und gesehen werden – so lautet die Devise.

▲ *Im Zentrum von Kitzbühel locken viele Cafés und Geschäfte*

▷ *Im Winter gibt es in der „Kitzstadt" reichlich Schnee – ideal zum Skifahren*

Das **Schickimicki-Vorurteil** gegenüber Kitzbühel hat sicher seine Berechtigung. Wer sich jedoch nicht unbedingt in der Hauptsaison und insbesondere am Hahnenkamm-Wochenende hier aufhält, wird feststellen, dass zumindest das **Ortszentrum** eigentlich recht bodenständig wirkt.

Das typische Erkennungszeichen der Kleinstadt mit ihren gut 8000 Einwohnern ist der **Kirchhügel**, den sich zwei Kirchen teilen: Die **Pfarrkirche St. Andreas** und die **Liebfrauenkirche** mit ihrem charakteristischen eckigen Turm. Dieser wurde im 16. Jh. speziell für eine über sechs Tonnen schwere Glocke errichtet. Bis heute ist man im Ort stolz auf ihren Klang, der als einer der schönsten Tirols gepriesen wird. Rund um die Kirchen erstreckt sich ein sehenswerter **Friedhof.** Unter anderem befinden sich auf ihm die Gräber der Kitzbüheler Skilegende **Toni Sailer** (1935–2009), des Tibet-Forschers Toni Aufschnaiter (1899–1973) sowie des Bruders von Arnold Schwarzenegger, Meinhard Schwarzenegger. Die beiden Kirchen lohnen auch einen Blick ins Innere: Die spätgotische Andreaskirche vereinigt Kunstelemente aus mehreren Jahrhunderten. In der Liebfrauenkirche mit ihrer Unterkirche ist das schmiedeeiserne Rosengitter vor dem Altarbereich mit dem Mariahilf-Gnadenbild ein Blickfang.

Weitere sehenswerte Kirchen in der „Kitzstadt" sind die gotische **Katharinenkirche** und die spätklassizistische **Spitalkirche zum Heiligen Geist.**

Wenige Kilometer nordöstlich in Richtung Kirchberg liegt der **Schwarzsee** [Q3], der seinen Namen seinem dunklen, smaragdgrünen Wasser verdankt. Der See ist ein bei Einheimischen und Touristen beliebtes **Naherholungsziel**, da er im Sommer als einer der wärmsten Badeseen Tirols gilt und einen wunderbaren Blick sowohl auf das **Kitzbüheler Horn** 9 als auch in Richtung Kaisergebirge gewährt. Lohnenswert ist eine circa einstündige Wanderung um den See.

› www.kitzbuehel.com

Infos und Reisetipps

19 Kitzbühel Tourismus, Hinterstadt 18, Tel. 05356 66660, geöffnet: Mo.–Fr. 9–17, Sa. 9–14 Uhr

Essen und Trinken, Nachtleben

20 Mocking – Das Wirtshaus €€€, Hahnenkammstr. 8, Tel. 05356 66544, https://mocking-kitzbuehel.at, geöffnet: Di.–Do. 17–23, Fr./Sa. 12–23 Uhr. Dieses Wirtshaus direkt am Hahnenkammlift ist ein gutes Beispiel für moderne Gastronomie, die auf überkandidelten Luxus verzichtet, aber sich in puncto Qualität und Raffinesse von der klassischen gutbürgerlichen Küche abheben möchte. In der gemütlichen Gaststube mit viel Holz kann man sich die Tiroler Koch-

040mt-se

083mt-tw © Tirol Werbung_Moore Casey

künste auf der Zunge zergehen lassen – von der Vorspeise bis zur süßen Sünde. Für Kitzbüheler Verhältnisse ein faires Preis-Leistungs-Verhältnis. Reservierung empfohlen.

21 **Restaurant Zinnkrug** €-€€, Graggaug 4, Tel. 05356 62613, www.restaurant-kitzbuehel.at, geöffnet: Di.–So. 11–23 Uhr. Bodenständiges Gasthaus mit regionalen Spezialitäten mitten im Stadtkern.

22 **Ursprung Beisl,** Vorderstadt 16, Tel. 0676 623099, www.ursprung-beisl.at, geöffnet: Mo.–Sa. 10–24 Uhr. Dieser kleine Pub ist in einem alten Gewölbe im Herzen der Stadt beheimatet. Im Vergleich zu Schickimicki-Lokalen ist die kleine Kneipe bodenständig und authentisch. Daher besuchen sie auch Einheimische, die hier ihr Feierabendbier genießen.

9 Kitzbüheler Horn ★ [R3]

Mit dem Kitzbüheler Horn hat die Bezirkshauptstadt einen besonders markanten Gipfel in ihrer Nähe, der als **alpines Wahrzeichen** der gesamten Region bezeichnet werden kann. Mit seinem 102 m hohen **Fernsehturm** ist der frei stehende, 1996 m hohe Berg von überall zu sehen.

Für Besucher ist das Kitzbüheler Horn in mehrfacher Hinsicht interessant: als **Skigebiet** im Winter und **Wandergipfel** im Sommer. Außerdem lässt sich der Berg mit dem eigenen Pkw befahren. Fast bis zum Gipfel hinauf kommt man über die **mautpflichtige Panoramastraße** – genauer gesagt bis zum **Gasthof Alpenhaus** auf 1670 m Höhe. Unterwegs genießt man immer wieder eine herrliche Aussicht. Als Fahrer sollte man jedoch bei der Auffahrt unbedingt auf die Straße achten, die sich mit einer Steigung von bis zu 22 % in zahlreichen Serpentinen den Berg hinauf schlängelt. In der Gipfelregion lohnt sich der Besuch eines **Alpenblumengartens** auf 1800 m Höhe.

› **Panoramastraße Kitzbüheler Horn,** Juli–Okt. 9–17 Uhr, Mautgebühr pro Auto: 25 € (darin inbegriffen 10 € Gutschein für das Alpenhaus), Motorrad: 15 € (5 € Gutschein), Infos: www.alpenhaus.at/panoramastrasse

23 **Bergrestaurant Alpenhaus** €€, Kitzbüheler Horn 7, www.alpenhaus.at/bergrestaurant-alpenhaus, Tel. 05356 64761

In ganz Tirol beliebt: der berühmte Kaiserschmarrn

Ein 102 m hoher Sendeturm krönt das Kitzbüheler Horn, das hier von Wolkenfetzen umgeben ist

Weitere Ziele in der Umgebung Kitzbühels

› **Brixen im Thale** [P3]. Der Ort liegt zwischen Wörgl im Inntal und Kitzbühel 8 inmitten sanft geschwungener, grüner Berge und Almwiesen, auf denen die Kühe grasen. Im Winter ist der Ort dank der großen **SkiWelt Wilder Kaiser** beliebt bei Wintersportlern. Unübersehbar sind die beiden Türme der spätbarock-klassizistischen **Pfarrkirche**, die dem Fest Mariä Himmelfahrt und dem hl. Martin geweiht ist. In der Hauptkuppel mit 16 m Durchmesser ist die Krönung Mariens dargestellt.

› **Hopfgarten** [P3]. Der Ort ist wie das nahe Brixen im Thale winters wie sommers ein beliebtes Urlaubsziel und verfügt ebenfalls über eine große zweitürmige Pfarrkirche, die Jakobus und Leonhard geweiht ist. Der prächtige Barockbau wird auch als **Dom des Brixentals** bezeichnet. Einer der beliebtesten Ausflugsberge der Region ist die **Hohe Salve**, die man von Hopfgarten aus mit einer **Seilbahn** erreichen kann (www.hohe.salve.at). Auf dem Gipfel (1829 m) steht die **höchstgelegene Wallfahrtskirche Österreichs**, das **Salvenkirchlein**, das Johannes dem Täufer geweiht ist. Die weiß getünchte Kapelle stammt aus dem 16. Jh. Gleich nebenan lockt ein Gipfelrestaurant mit großer Sonnenterrasse.

› **St. Johann in Tirol** [R2]. Mit knapp 10.000 Einwohnern ist die in einem Talkessel gelegene Marktgemeinde einwohnertechnisch der größte Ort im Bezirk Kitzbühel und ein wirtschaftliches Zentrum der Region. Im Ortskern gibt es etliche Restaurants und Geschäfte sowie die sehenswerte **Dekanatspfarrkirche St. Johann** mit den beiden Kirchtürmen, eine der größten und prächtigsten Barockkirchen des Tiroler Unterlands. Eindrucksvoll sind die Gewölbefresken des Kitzbüheler Malers Simon Benedikt Faistenberger von 1727 – farbintensive Meisterwerke des Tiroler Hochbarocks.

★**24 Wildpark Aurach**, Wildparkweg 5, Tel. 05356 65251, www.wildpark-tirol.at, 4 km südlich von Kitzbühel in Richtung Jochberg-Felbertauern, Abzweig an der B161 bei Aurach nach Oberaurach und Beschilderung zum Wildpark folgen, Öffnungszeiten je nach Saison (s. Website). Eintritt: 10 €, Kinder 6–14 Jahre 6,50 €. Über 200 alpenländische Tiere wie Hirsch, Steinbock und Luchs sowie exotische Arten wie Kängurus, Lamas und tibetische Yaks machen den auf 1100 m gelegenen Wildpark zu einem beliebten Ausflugsziel für Tierliebhaber und Familien mit Kindern. In dem 40 ha großen Freigehege kommt man den Vierbeinern sehr nahe. Mit Wildspielpark und Streichelstadl.

041mt-se

⑩ Steinplatte mit Triassic Park ★ [S2]

Die kleine Gemeinde **Waidring** mit ihren knapp 2000 Einwohnern bildet den nordöstlichsten Winkel Tirols. Von kulturhistorischer Bedeutung ist die dem hl. Vitus und dem hl. Nikolaus geweihte **Pfarrkirche** mit reizvoller Scheinarchitektur im Kuppelfresko – im Zentrum der Deckenmalerei erkennt man ein heiteres Bildnis der beiden Kirchenpatrone.

Wichtigstes touristisches Zugpferd Waidrings ist die **Steinplatte**, ein im Winter wie im Sommer beliebtes, auf knapp 1900 m Höhe gelegenes Bergmassiv im Dreibundesländereck zwischen Bayern, Salzburg und Tirol. Von Waidring aus führen sowohl eine **Mautstraße** (Parkplatz Steinplatte/Bergkapelle) als auch eine **Seilbahn** hinauf.

Seit 2008 existiert nahe der Bergstation der **Triassic Park**, der sich besonders bei Familien mit Kindern großer Beliebtheit erfreut. Sein Name spielt auf die Geologie der Region an: In der Epoche des Trias vor rund 200 Mio. Jahren existierte noch das Urmeer Tethys und die Erde war von **Dinosauriern** besiedelt. Die urzeitlichen Echsen – bei Kindern und Erwachsenen von zeitloser Anziehungskraft – begegnen einem auf dem **Triassic Trail** in Lebensgröße. Für den etwa 4 km langen Rundweg benötigt man rund 2 Std.

Zusätzlich gibt es auf dem Areal das **Triassic Center**, das einen kindgerechten Einblick in die Paläontologie bietet, den **Triassic Beach** zum Planschen und Spielen, einen **Niederseilgarten** zum Klettern, eine künstliche Tropfsteinhöhle sowie eine über einen Fels hinausragende **Aussichtsplattform**.

- **25 Talstation Bergbahnen Steinplatte,** Alpegg 10, Waidring, Tel. 05353 53300, www.steinplatte.tirol, Fahrzeiten: Mai–Okt. 9–16.45, Mitte Dez.–Mitte April tägl. 8.30–16 Uhr, Berg- und Talfahrt: 23 €, erm. ab 21,50 €, Kinder 12,50 €
- **Mautstraße Steinplatte,** Mautstelle Schredergasse 24, Waidring, 10 € pro Fahrzeug. Der Parkplatz befindet sich nicht am Triassic Park (zusätzliche Gehzeit von ca. 1½ Std.).
- **Triassic Park**, www.triassicpark.at, geöffnet: Ende Mai–Anf. Okt. tägl. 8.30–16.30 Uhr, im Winter sind manche Attraktionen nicht zugänglich, Eintritt frei

⑪ St. Ulrich am Pillersee und Jakobskreuz ★★ [S2]

Die Region um St. Ulrich am Pillersee, ebenso wie Waidring im **äußersten Westen Tirols** gelegen, zählt zu den besonders reizvollen Landstrichen im Bezirk Kitzbühel. Der **Pillersee** selbst erstreckt sich auf 1,6 km Länge und maximal 350 m Breite. Entstanden ist er vor ca. 15.000 Jahren durch einen Bergsturz, der den See aufstaute. Im Sommer ist das Gewässer bei **Badenden und Anglern** beliebt.

Der **Ort St. Ulrich** besticht mit seinem hübschen Zentrum. Sehenswert ist die gleichnamige **Pfarrkirche** als Urpfarrei der Region. Ein besonderes kirchliches Kleinod ist die gotische **Kirche St. Adolari** nördlich des Pillersees, in der bedeutende mittelalterliche Fresken erhalten sind. Das Patrozinium ist eine Seltenheit: Geweiht ist das Kirchlein dem hl. Adolar, einem Missionarsgefährten des hl. Bonifaz aus dem 8. Jh. Man kann die Besichtigung der Kirche mit einem Besuch

▷ Wahrzeichen der Region Pillersee: das eindrucksvolle Jakobskreuz

des **Gasthofs St. Adolari** gleich nebenan und einer Wanderung durch die **Teufelsklamm** kombinieren.

Rund 9 km südlich von Sankt Ulrich steht ein Bauwerk der Superlative, das als relativ neues **Wahrzeichen der Region** fungiert: Das **Jakobskreuz** auf der 1456 m hohen **Buchensteinwand** ist mit 30 m Höhe das größte begehbare Kreuz der Welt. Es verfügt über eine Kapelle, mehrere Aussichtsplattformen, einen Aufzug und sogar über Seminarräume. Aufgrund seiner gelungenen Architektur ist es ein beliebtes Fotomotiv, besonders beleuchtet in der Abenddämmerung. Die Buchensteinwand kann erwandert oder mit der **Bergbahn Pillersee** erreicht werden. Hier oben genießt man einen **grandiosen Fernblick** in alle vier Himmelsrichtungen – sogar Österreichs höchsten Berg, den Großglockner, kann man bei guter Witterung mit bloßem Auge entdecken.

26 **Gasthof St. Adolari** €€, Niedersee 8, St. Ulrich, Tel. 05353 2003, www.tirolerwirt.at, geöffnet: Mai–Mitte Okt. Do.–Mo. 11–21 Uhr, Mitte Dez.–Mitte März auch Mi. Lohnende Einkehr mit Tiroler Küche und Sommerterrasse.

•27 **Talstation Bergbahn Pillersee (Sessellift zum Jakobskreuz),** Buchenstein 13, St. Ulrich, Tel. 05354 77077, www.bergbahn-pillersee.com, Sommerbetrieb: Mitte Mai–Okt. tägl. 9–17, Wintersaison 8.30–16 Uhr, Jakobskreuz bis 16.30, Winter bis 15.30 Uhr, Berg- und Talfahrt inkl. Eintritt Jakobskreuz: 26 €, erm. 17 €, Familien ab 61 €, nur Berg- und Talfahrt: 20 €/13 €/45 €

12 Wallfahrtskirche Mariastein ★★★ [03]

Einer der interessantesten spirituellen Orte Tirols liegt gar nicht weit von Kufstein 1 entfernt und doch etwas versteckt abseits von Inn und Autobahn. Mariastein ist gleichzeitig eine Kirche und eine Burg – also im wahrsten Sinne des Wortes eine Kirchenburg!

Beinahe wie ein erhobener Zeigefinger streckt sich der 42 m hohe **Bergfried** auf einem Felsen gen Himmel. Die mittelalterliche Burganlage stammt aus dem Jahr 1360 und wurde von den Rittern von **Freundsberg** gegründet. Einst stand sie an der einzigen Verbindungsstraße zwi-

schen Innsbruck 25 und Rosenheim. Eine Schlosskapelle gab es bereits im Mittelalter, schon im 15. Jh. wurde im obersten Stockwerk des Turms ein Sakralraum eingerichtet und seit dem 16. Jh. existiert eine blühende **Marienwallfahrt.**

Eng verknüpft ist diese Blütezeit mit der Inbesitznahme der Burg im Jahr 1587 durch Freiherr Karl Schurff, seines Zeichens Oberhofmeister Herzog Ferdinands von Tirol, sowie seiner Gemahlin Maria Polyxena, einer Schlossherrin aus dem benachbarten bayerischen Hohenaschau. Der nur im Rahmen von **Führungen** zu besichtigende **Rittersaal** zeugt von dieser Periode. Als die Burg im 19. Jh. zu verfallen drohte, übernahm die Erzdiözese Salzburg den Wallfahrtsort.

Als Besucher steigt man – übrigens auch ohne Führung und Eintrittsgeld – die **150 Stufen** zur Wallfahrtskirche hinauf und kann dabei etliche interessante historische Details entdecken. Die einstige Burgkapelle birgt heute eine **Kerzenkapelle** mit einer spätgotischen Pietà-Darstellung. Das Flackern der Kerzen und der Wachsduft verleihen dem Ort eine besondere spirituelle Atmosphäre.

Weiter geht es ins Zwischengeschoss der ehemaligen **Rüstkammer.** Hier ist ein ganz besonderes Relikt alpenländischer Volksfrömmigkeit zu bestaunen: ein sogenanntes **Heiliges Grab** mit vielen bunten Kugeln, wie es sonst nur zwischen Karfreitag und Ostersonntag zu sehen ist. Gegen einen kleinen Obolus beginnt der Grabwächter hin- und herzulaufen und feierliche Musik erklingt – ein Spektakel, das nicht nur Kinder seit Generationen begeistert.

Über eine **Treppe** geht es weiter nach oben. Aufmerksamen Beobachtern dürften dabei die vielen aufgemalten Engelsköpfe an der Stiegendecke und die unzähligen Sterbebilder auffallen, die verdeutlichen, wie sehr die Tiroler Bevölkerung diesen Kultort verehrte. Bald erreicht man die **Kreuzkapelle** mit einem Rokoko-Baldachinaltar, einem Herz-Jesu-Bildnis und der Kopie des Prager Jesuleins, ehe es noch einige Stufen weiter hinauf zur eigentlichen **Wallfahrtskapelle** geht. Im Zentrum eines Strahlenkranzes am Altar steht das **Gnadenbild** – eine spätbarocke, gekrönte Marienfigur mit dem Jesusknaben auf dem Schoß. Beachtenswert ist auch das kunstvoll gestaltete Abschlussgitter des Altarbereichs.

Auch einige weltliche Kostbarkeiten sind ausgestellt: In einer Vitrine sind die 1602 durch Erzherzog Maximilian I. gestifteten **Landesinsignien** aufbewahrt, der Tiroler Erzherzogshut und das Zepter.

› Mariastein 1, geöffnet tägl. 8–18 Uhr

Bunt beleuchtet: das Heilige Grab der Wallfahrtskirche Mariastein 12

⑬ Rattenberg ★★★ [N4]

Mit seinen knapp 500 Einwohnern ist Rattenberg die kleinste Stadt Österreichs. Klein, aber oho! Denn die Altstadt ist ein mittelalterliches Juwel und dementsprechend beliebt bei Touristen. In der Hauptsaison sind oft mehr Besucher in den Gassen unterwegs als die Stadt Einwohner zählt. Berühmt ist der Ort für seine Glaskunstwerke, daneben besitzt er einige interessante Museen und Kirchen sowie eine alte Burganlage.

Die historische Bedeutung Rattenbergs ist eng verbunden mit der **Innschifffahrt** und der Funktion als **Grenzort** zwischen Bayern und Tirol: Im Mittelalter gehörte Rattenberg ebenso wie Kufstein ❶ und Kitzbühel ❽ zu Bayern. Trotz des schattigen Standorts unterhalb des Burgbergs – ganze drei Monate gelangt im Winter kein Sonnenstrahl in die Gassen – machte ihre strategisch günstige Lage die Stadt zur florierenden Zollstation und zum frequentierten Handelsplatz. Erst seit Anfang des 15. Jh. gehört die Gegend dank Kaiser Maximilian I. zum Hause Habsburg.

Der Ortsname hat übrigens nichts mit den Nagetieren zu tun, wenngleich diese zu jener Zeit vermutlich auch in Rattenberg beheimatet waren, sondern stammt mutmaßlich von einem bayerischen Adeligen namens **Ratolt** (Berg des Ratolt).

Als Besucher kann man sich in der Stadt relativ leicht orientieren. Sowohl **Bahnhof** als auch **Parkplatz** sind direkt an der Altstadt gelegen, durch die man sich in aller Ruhe treiben lassen kann. Herzstück und Lebensader Rattenbergs ist die **Südtirolerstraße.** Hier reihen sich Souvenirläden, Cafés und Lokale wie an einer Perlenschnur aneinander. Und wenn gerade mehrere Reisebusse gleichzeitig ihre Insassen in die Altstadt entlassen, kann es durchaus quirlig zugehen.

Wie in vielen Tiroler Altstädten sind auch in Rattenberg aufwendig geschmiedete Ladenschilder und historische Details an den **Fassaden** erhalten. So informiert ein Schild am Haus Südtirolerstr./Ecke Klostergas-

Beliebtes Ausflugsziel: die schmucke Altstadt von Rattenberg

019mt-se

Die Nagelschmiedhäuser von Rattenberg schmiegen sich an die Felswand

043mt-se

Durchgang von der Rattenberger Altstadt zum rauschenden Inn

se darüber, dass hier die in Tirol sehr verehrte **hl. Notburga** geboren wurde (s. S. 40). In der etwas erhöht gelegenen **Pfarrkirche zum hl. Virgil**, wenige Meter südöstlich über die Bienerstraße (per Treppe oder Aufzug) erreichbar, wird die Heilige ebenfalls verehrt, und zwar in der Notburgakapelle. Die spätgotische Pfarrkirche lohnt schon aufgrund ihrer reichhaltigen Ausstattung einen Abstecher. Besonders sehenswert ist der **Annenaltar** im südlichen Chorraum, der im 18. Jh. vom Bildhauer **Meinrad Guggenbichler** (1649–1723) gestaltet wurde. Die Deckenmalerei des Altars werden Simon Benedikt Faistenberger und Matthäus Günther zugeschrieben.

Ein Muss für Liebhaber sakraler Tiroler Kunstwerke ist das **Augustinermuseum** am nordöstlichen Altstadtrand in Richtung Innufer. Es ist im ehemaligen Augustiner-Eremitenkloster untergebracht. Die zentralen Räumlichkeiten sind die **Klosterkirche** mit ihrem gewaltigen Deckengemälde in der Kuppel, die Hofer-Kapelle, die Ecce-Homo-Kapelle und der gotische **Kreuzgang.** 1971 profaniert, beherbergt das Kloster heute wertvolle Kunstwerke aus dem gesamten Unterland. Teilweise wurden echte Meisterwerke aus ihrem Dornröschenschlaf erweckt, die ihr Dasein auf Dachböden oder in Kellern fristeten. Den Schwerpunkt bildet die **Sammlung Gotische Plastik** im Kreuzgang. Besonders erwähnenswert sind eine kleine Pietà (um 1420), eine sitzende Madonna mit Jesuskind (um 1440) und ein auferstandener Christus (um 1500). In der Sakristei ist wertvolles Altargerät ausgestellt. Ein Glanzlicht ist das **Vortragskreuz mit romanischer Christusplakette** aus Emaille (13. Jh.), das ursprünglich aus Norddeutschland stammen dürfte.

Ganz in der Nähe des Parkplatzes stehen die uralten, direkt an die Felswand gebauten **Nagelschmiedhäuser**, in denen sich ein liebevoll eingerichtetes **Heimatmuseum** befindet. Das Themenspektrum reicht von der Stein- und Bronzezeit über die römische Epoche und das Mittelalter bis hin zu Innschifffahrt, Glasverarbeitung und anderen regionalen Themen.

Bei einem **Stadtrundgang** empfiehlt es sich, eine Teilstrecke durch die Altstadt zu gehen und eine Runde über den **Schlossberg** zu wandern, den man auch vom Bahnhof aus erreicht. Der Weg zur **Burgruine** aus dem 13. Jh. (ganzjährig frei zugänglich) beginnt am Parkplatz und führt über eine Freilichtbühne zum mächtigen Bergfried, von wo aus man einen fantastischen Ausblick über Rattenberg und hinein ins Inntal genießt. Nach Einbruch der Dunkelheit kann es hier oben jedoch etwas unheimlich werden – vielleicht auch eingedenk der Tatsache, dass hier zwischen 1528 und 1540 71 Mitglieder der Täuferbewegung hingerichtet worden sind. 1651 starb der Tiroler Kanzler **Wilhelm Biener**, der sich gegen den landesfürstlichen Adel aufgelehnt hatte, hier im Burghof auf dem Schafott.

Zu den wichtigsten Veranstaltungen im Ort zählen die **Schlossbergspiele** im Sommer und der romantische **Rattenberger Advent**, bei dem die Altstadt – ganz ohne Elektrik – mithilfe unzähliger Kerzen, Fackeln und offener Feuerstellen beleuchtet wird.

› www.rattenberg.at

28 Augustinermuseum, Klostergasse 95, Tel. 05337 64831, https://augustinermuseum.at, geöffnet: Mai–Mitte Okt. tägl. 10–17 Uhr, Eintritt: 5 €, erm. 4 €, Kinder und Jugendliche frei

Mein Tipp

Glaskunst aus Rattenberg

Im 20. Jh. hat sich Rattenberg 13 zu einer Tiroler Glasstadt entwickelt, das benachbarte Kramsach auf der anderen Seite des Inns blickt sogar auf eine bis ins 17. Jh. reichende Glastradition zurück. Maßgeblichen Anteil daran hatte die **Glasbläser-Familie Kisslinger**, die sich 1946 in Rattenberg ansiedelte.

Im Rahmen von **Führungen** kann man den Glasbläsern, Schleifern und Graveuren über die Schulter schauen und selbstverständlich auch das eine oder andere glänzende Mitbringsel erwerben. Neben dem hier vorgeschlagenen Geschäft sind noch etliche weitere Ateliers und Manufakturen in der Altstadt ansässig.

31 Kisslinger Kristall-Glas, Südtirolerstr. 24, Rattenberg, Tel. 05337 64142, www.kisslinger-kristall.com, geöffnet: Mai–Dez. Mo.–Sa. 9–18, So. und feiertags 9–17 Uhr, Jan.–Apr. Mo.–Fr. 9–18, Sa. 9–17, So. und feiertags 11–17 Uhr; Vorführungen in der Tiroler Handwerkstube: Mo.–Fr. 9–12 u. 13–17 Uhr

086mt-tw©AlpbachtalTourismus/GrießenböckGabriele

Tiroler Volksheilige mit Sichel: Notburga von Rattenberg

Irgendwie passt die hl. Notburga gut zu Tirol und der Mentalität seiner Menschen – zumindest tat sie dies über viele Jahrhunderte: Ihre Tugenden waren Bescheidenheit, Fleiß, Gottvertrauen und eine gewisse Hartnäckigkeit sowie Unbeugsamkeit gegenüber Vorgesetzten und allem, was sich nicht mit ihrem Gewissen und ihrem tiefen christlichen Glauben vereinbaren ließ.

Die um 1265 im Herzen der Rattenberger Altstadt 13 geborene Tochter eines Hutmachers diente in ihrer Jugend als Magd auf Schloss Rottenburg (s. S. 54) bei Rotholz am Eingang zum Zillertal 20 und unterstützte dort Arme und Kranke, indem sie ihnen übrig gebliebene Mahlzeiten zukommen ließ.

Ihr Dienstherr Heinrich II. von Rottenburg und insbesondere dessen Gattin Ottilie betrachteten diese Art der Barmherzigkeit mit Argwohn und verboten Notburga das Verteilen der Speisen. Die Magd jedoch blieb stur und verschenkte zumindest Teile ihrer eigenen Essensration. Daraufhin wollte Heinrich sie auf frischer Tat ertappen und forderte sie auf, ihm den Inhalt ihres Korbes zu zeigen. Der Legende nach haben sich die Speisen in diesem Moment in Essig und Holzspäne verwandelt (Holzspan-Wunder).

Irgendwann wurde Notburga schließlich vom Schloss vertrieben und verdiente sich ihren Lebensunterhalt als Bauernmagd in Eben am Achensee 14. Vom Bauern erbat sie sich, stets zum Abendläuten vor Sonn- und Feiertagen die Arbeit niederlegen zu dürfen, um zu beten. Als einmal ein abendliches Gewitter aufzog, befahl der Bauer seinem Gesinde, die Arbeit nicht eher zu beenden, bis alles Getreide eingefahren sei. Notburga aber widersetzte sich der Anweisung und warf ihre Sichel in die Höhe, woraufhin diese angeblich an einem Sonnenstrahl in der Luft hängen blieb (Sichel-Wunder). Der Bauer und alle um ihn herum staunten nicht schlecht. Seither ist die Sichel das wichtigste Attribut der Tiroler Heiligen.

Auf Schloss Rottenburg war derweil Unfriede eingekehrt: Heinrichs Frau Ottilie war verstorben und es gab einen Bruderzwist. Man besann sich der verstoßenen Magd und holte sie zurück, woraufhin sich alles wieder zum Guten wendete. Ein letztes Wunder ereignete sich laut Heiligenlegende noch nach ihrem Tode: Ihrem Wunsch gemäß wurde die Tote auf einen Ochsenkarren gebettet, um dort beerdigt zu werden, wo ihn die Ochsen hinbrächten. Der Inn soll sich dabei – wie im Alten Testament das Rote Meer – geteilt haben und die Ochsen brachten Notburga bis nach Eben (Ochsen-Wunder). Dort wurde sie dann auch bestattet. Im Altarbereich der Pfarrkirche ist die Heilige seit der Barockzeit als stehende Skelettfigur zu sehen.

Bis heute wird die hl. Notburga in der Oststeiermark und in Slowenien verehrt, teilweise auch in manchen bayerischen Gemeinden. In Tirol ist sie nach der Muttergottes die wohl meistverehrte weibliche Heilige – in Form unzähliger Kapellen und Heiligenbilder wird ihr Andenken gepflegt. Sie fungiert als Schutzpatronin der kleinen Leute, der Dienstboten, der Arbeitsruhe und des Feierabends. In gewisser Weise repräsentiert sie auch das unbeugsame Selbstbewusstsein vieler Tiroler Frauen – vom Mittelalter bis heute. Am Sonntag um ihren Gedenktag, den 13. September, findet alljährlich in Eben eine feierliche Notburgaprozession statt.

044mt-se

29 Museum Nagelschmiedhäuser, Südtiroler Str. 33, Tel. 0664 8562193, geöffnet: Mai–Okt. tägl. 9–17 Uhr, sonst unregelmäßig (tel. erkundigen), Eintritt: 4 €, Kinder und Jugendliche frei

› **Schlossbergspiele:** www.schlossbergspiele-rattenberg.at

› **Rattenberger Advent:** www.tirol.at/reisefuehrer/veranstaltungen/events/e-rattenberger-advent

30 Malerwinkel Rattenberg €€–€€€, Pfarrgasse 92–93, Tel. 05337 20991, geöffnet: Di.–Sa. 11–24, So. 11–22 Uhr. Gehobene Tiroler Küche in großartigem Ambiente. Das Lokal in einem mittelalterlichen Gewölbe ist modern eingerichtet. Auf der Speisekarte finden sich Pasta-Gerichte ebenso wie Zwiebelrostbraten und Lammrücken. Im Sommer nimmt man auf der lauschigen Dachterrasse Platz und genießt die Sicht über die Altstadt.

Die Sichel ist das typische Attribut der hl. Notburga

Mein Tipp

Tirols größtes Freilichtmuseum

Im Museum Tiroler Bauernhöfe kann man in die bäuerliche Welt vergangener Zeiten eintauchen und insgesamt 37 wunderschöne alte **Höfe, Scheunen** und weitere Gebäude **wie Schmiede, Schule und Holzfällerhütte** auf einem 8,5 ha großen Gelände besichtigen. Im Sommer verströmen die uralten Holzbalken einen besonderen Duft. Auch **Kinder** kommen an mehreren **Erlebnisstationen** auf ihre Kosten und lernen unter anderem, wie man eine Kuh melkt.

32 Museum Tiroler Bauernhöfe, Angerberg 10, Kramsach, www.museum-tb.at, geöffnet: Mai–Sept. tägl. 9–18 Uhr, Apr. u. Okt. tägl. 9–17 Uhr, Eintritt: 10 €, Kinder und Jugendliche 3 €, Familien 20 €

› **Anfahrt:** über die A12 bis Ausfahrt Kramsach, über die Reintaler Seen in Richtung Breitenbach und der Beschilderung folgen, alternativ Regionalbus 4113 von Brixlegg Bhf. bis zur Station „Kramsach Bauernhöfemuseum“

Meine Tipps

Kuriose historische Grabkreuze

Der Museumsfriedhof Tirol, auch unter dem Namen **„Lustiger Friedhof“** bekannt, stellt seit 1965 eine besondere **Tiroler Kuriosität** dar. Eigentlich ist es kein richtiger Friedhof, sondern eine Ansammlung antiker Friedhofskreuze mit besonders skurrilen, makabren oder heiteren Sprüchen. Der Kunstschmied und Steinmetz **Hans Guggenbichler** sammelt seit Jahrzehnten historische Grabkreuze aus Bayern, Tirol, und dem Bundesland Salzburg. 900 Exponate sind seither zusammengekommen, von denen 60 im **Freilichtmuseum** ausgestellt sind. Hier zwei Beispiele: „Hier liegt Jakob Krug, der Kinder, Weib und Orgel schlug.“ „Hier ruht Amtmann Isengrimm, wog 500 Pfund, sonst weiß man nichts von ihm.“ In den letzten Jahren hinzugekommen sind die Kunstinstallation eines Totentanzes, ein Arkadenhof mit historischen Grabkreuzen, ein Weltfriedenskreuz sowie ein Museumsladen.

33 Museumsfriedhof Tirol, Hagau 82, Kramsach, Tel. 05337 62447, www.museumsfriedhof.info, geöffnet; ganzjährig Di.-Sa. 9-17 Uhr, Eintritt: freiwillige Spende

› **Anfahrt:** beim Kreisverkehr in Kramsach in Richtung Münster abbiegen und der Beschilderung folgen, Bushaltestelle Hagau Ort

Rodelspaß am Wiedersberger Horn

Am **Wiedersberger Horn** lockt auf 1850 m der **Erlebnis-Waldspielplatz Lauserland** mit fast 40 Spielestationen und schattigen Plätzen samt Hängematten für die Eltern. Für einen Adrenalinschub sorgt die **Sommerrodelbahn Lauser-Sauser.**

Das kleine **Alpbachtal** zieht sich von Brixlegg in südöstliche Richtung bis zum kleinen Ort Inneralpbach und ist bei Winter- wie Sommerurlaubern beliebt.

★**34 Alpbachtaler Lauserland,** Alpbach 311, www.skijuwel.com/de/sommer/familien-kinder/lauserland, Ende Mai–Anf. Nov. tägl. 9-16.30, Ende Juni–Anf. Sept. bis 17 Uhr, Berg- und Talfahrt ab 15,50 €, erm. 8 €

020mt-se

100mt-tw©Alpbachtal Tourismus

087mt-tw © Tirol Werbung_Neusser Peter

14 Achensee ★★★ [L4]

Wie ein Fjord erstreckt sich Tirols größter See zwischen Karwendel- und Rofangebirge. Mit einem gewissen Augenzwinkern wird er sogar als „Meer Tirols" bezeichnet. Fünf Dörfer, pittoreske Ufer und eine exzellente touristische Infrastruktur machen den Achensee zu einer der beliebtesten Ferienziele Tirols. Hier finden Erholungssuchende alles, was das Herz begehrt: einen sauberen, türkisblauen See zum Flanieren, Schwimmen und Bootfahren sowie unzählige Wandermöglichkeiten in der Umgebung.

Die **Hauptorte** sind **Maurach** [M4] im Süden und **Pertisau** [L4] am Südwestufer des Sees. Pertisau, abseits vom Fernverkehr gelegen, bietet ein großes Angebot von Hotels und Urlaubsaktivitäten. Obwohl im Sommer viele Touristen die Seepromenade bevölkern, herrscht über das Jahr hinweg eine entspannte Urlaubsstimmung. In Pertisau starten die Schiffe der **Achenseeschifffahrt** (s. S. 45) zu **Rundfahrten.** Somit ist der Achensee das einzige Tiroler Gewässer mit einem regelmäßigen Linienverkehr. Wer lieber selbst in die Kapitänsrolle schlüpfen möchte, der leiht sich ein paar Meter weiter bei der **Bootsvermietung Pertisau** ein **Tret- oder Elektroboot** aus. Die Preise hierfür sind für einen Touristenort durchaus fair.

Eines der ältesten Gebäude im Zentrum Pertisaus ist das **Fischergut.** Das uralte Bauernhaus blickt auf eine über 500-jährige Geschichte zurück. Heute ist es im Besitz der Gemeinde und dient als Veranstaltungsgebäude u. a. für Konzerte – vor Weihnachten findet hier ein kleiner Adventsmarkt statt.

Shoppingmöglichkeiten sind in Pertisau eher rar gesät, da der Ort in erster Linie aus Hotels besteht, eine Ausnahme bilden Produkte aus **Tiroler Steinöl** (s. S. 123), die man in der Nähe der Schiffsanlegestelle kaufen kann.

Eine der bedeutendsten Kirchen der Region ist die **Pfarrkirche St. Notburga** in **Eben am Achensee** südlich von Maurach. Sie ist der **hl. Notburga** (s. S. 40) geweiht und besitzt als einzigartige Reliquie im Altarbereich eine stehende Skelettfigur der Tiroler Nationalheiligen. Ein kleines **Museum** nebenan informiert über die Heilige und die Geschichte der Kirche.

Größtes schiffbares Gewässer Tirols: der von Bergen eingerahmte Achensee

Der **Dalfazer Wasserfall** am südöstlichen Seeufer lässt sich im Rahmen einer kleinen, erlebnisreichen Wanderung erreichen.

Das touristische Zentrum im Norden des Sees ist der Ort **Achenkirch** [L3]. Von Pertisau aus führt ein beliebter **Wanderweg** am westlichen, verkehrsfreien Seeufer entlang nach Achenkirch: Über den Mariensteig gelangt man zunächst zur bewirtschafteten **Gaisalm** und von dort aus weiter zum Nordufer mit der Schiffsanlegestelle **Scholastika**, von der man zurück zum Ausgangspunkt schippert. Für die ganze Strecke sollte man einen halben Tag einplanen (Trittsicherheit erforderlich). Wer mag, kann bereits an der Gaisalm wieder aufs Schiff steigen.

› www.achensee.com

35 Fischergut, Pertisau 66

★**36 Pfarrkirche St. Notburga und Notburga-Museum,** Ebener Str. 98, Eben, www.notburgakirche.at, www.notburga-museum.at, Museum geöffnet: Mai–Okt. Mo., Mi., Fr., So. 15–17 Uhr, Eintritt: 4 €

› **Infos zur Gaisalm:** www.achensee.com/map-detail/gaisalm

Mein Tipp

Juwel für Bahn-Nostalgiker: die Achenseebahn

Eisenbahn-Nostalgikern dürfte beim Anblick der dieses Fahrzeugs das Herz aufgehen. Sie ist die **einzige ausschließlich mit Dampf betriebene Zahnradbahn der Welt** und verrichtet bis heute ihren Dienst zwischen Jenbach und dem Achensee. Die alten Lokomotiven stammen noch aus dem Jahr 1898 und wurden in Wien-Floridsdorf gefertigt. Seither verrichten sie in Tirol ihren Dienst und ziehen den kleinen Zug auf knapp 6,7 km über eine Höhendifferenz von 440 m.

Startbahnhof ist **Jenbach** [M4] im Inntal. Dort gibt es auch ein kleines **Informationsbüro** und es besteht **Anschluss zur Zillertalbahn** (s. S. 56). **Endstation** ist der Halt **Seespitz** direkt am Achensee 14. Von dort kann man seinen Ausflug mit einer Schiffstour auf dem Gewässer (s. S. 45) verbinden (es gibt Kombitickets). Zwar ist die Zugfahrt nicht ganz billig, aber schließlich unterstützt man hier eine einzigartige Tradition. Vor allem in der Hauptsaison sollte man sich rechtzeitig um Tickets bemühen.

•**40 Startbahnhof Achenseebahn,** Bahnhofsplatz 1/3, Jenbach, Tel. 05244 62243, www.achenseebahn.at, Saisonstart im April, Fahrplan s. Website, Preise: 31 € (Hin- und Rückfahrt), Kinder 15,50 €, Kombiticket mit Schiffstour 49 €/25 €

045mt-se

Infos und Reisetipps

- 37 **Tourismusverband Achensee,** Achenseestr. 63, Maurach, Tel. 05 953000, geöffnet: tägl. 8–18 Uhr
- 38 **Anleger Achenseeschifffahrt,** Seepromenade 36, Pertisau, Tel. 05243 5253, www.achenseeschifffahrt.at, Saisonfahrpläne s. Website. Tickets für kleine und große Rundfahrten oder Einzelstrecken kauft man an der Anlegestelle oder direkt auf dem Schiff. Es gibt Kombitickets in Verbindung mit der Achenseebahn (s. S. 44). Anlegestellen sind neben Pertisau auch Seespitz, Buchau, Gaisalm, Scholastika/Achenkirch und Achenseehof/Lido.

Essen und Trinken

- 39 **Dorfwirt** €-€€, Pertisau 31a, Tel. 05243 5505, www.dorfwirt-pertisau.at, geöffnet: Do.–Di. 11.30–21 Uhr. Dieses Wirtshaus ist etwas abseits vom See im Ortskern von Pertisau gelegen und bietet gutbürgerliche Tiroler Küche.

15 Schloss Tratzberg ★★★ [M4]

Viele Reisende haben auf ihrer Fahrt über die Inntalautobahn zwischen Jenbach und Schwaz 17 sicherlich schon den einen oder anderen neugierigen Blick auf das nördlich des Inns gelegene und mit seiner hellen Fassade weit in die Landschaft strahlende Schloss geworfen, das mitten im Wald auf einer Anhöhe thront.

Die wenigsten haben das Bauwerk allerdings von innen gesehen. All jenen ist bis jetzt etwas entgangen, nämlich eines der schönsten **Renaissance-Schlösser Mitteleuropas** mit prächtigen Wandmalereien und kunstvoll gefertigtem Mobiliar aus der Übergangsphase zwischen Mittelalter und Neuzeit.

Weit ins Inntal hinein erstrahlt Schloss Tratzberg

Bereits seit dem 13. Jh. urkundlich bezeugt, diente Tratzberg lange Zeit als **Grenzfeste** zum benachbarten Bayern. Ende des 15. Jh. wurde es von dem Habsburger **Maximilian I.** (s. S. 65) als Jagdschloss genutzt, brannte aber 1492 komplett aus. Aus Geldmangel ließ der Monarch es nicht wieder aufbauen, sondern veräußerte Tratzberg an die Schwazer **Silberbergwerksdynastie der Freiherren Tänzl.**

Kunsthistorisch betrachtet waren Brand und Verkauf in gewisser Weise ein Glücksfall für das Schloss. Denn der neue Besitzer agierte beim Wiederaufbau nach dem Motto „nicht kleckern, sondern klotzen". Durch die Verwendung edelster Materia-

lien, die Gestaltung von Möbelstücken mit großer Kunstfertigkeit und das Engagement bedeutender Künstler der Zeit entstand ein einzigartiges Schmuckkästchen, das den **Übergang von der Spätgotik zur Renaissance** sichtbar macht. Sogar in die Gemächer integrierte Plumpsklos gab es damals bereits. Auch die **Kaufmannsfamilie Fugger** hat dem Schloss ihren Stempel aufgedrückt, ehe es für knapp 150 Jahre in einen Dornröschenschlaf verfiel.

Mitte des 19. Jh. gelangte das Schloss schließlich in die Hände der **Grafen Enzenberg**, in deren Besitz es sich bis heute befindet. Der Familie ist die aufwendige Erhaltung des Schlosses zu verdanken. Auch machten sie den einzigartigen Kulturschatz für die Öffentlichkeit zugänglich.

Im Rahmen einer rund einstündigen, unterhaltsamen **Führung** mit zusätzlichem **Audioguide** durchschreitet man die wichtigsten Räumlichkeiten und erfährt interessante Details. Allein schon die aufwendig bemalten Fassaden des **Innenhofs** und die **Arkadengänge** mit Hirschdarstellungen sind ein echter Augenschmaus.

Im **Jagdsaal** erwartet die Besucher eine Vielzahl geschnitzter Wildtiere aus dem 19. Jh. in Originalgröße, die allesamt früher die umliegenden Wälder bewohnt haben – vor allem Kinder haben daran ihre Freude. Die **Fuggerstube** ist nahezu komplett in ihrer Ausstattung des 16. Jh. erhalten geblieben. Besonders im kostbar gestalteten Erker dürfte sich die Kaufmannsfamilie wohlgefühlt haben. Hinter einer Geheimtür verbirgt sich eine Wendeltreppe, die aus dem Schloss in den Wald führt.

Herzstück und farbenprächtiges Juwel des Schlosses ist der komplett ausgemalte **Habsburgersaal** mit 146 Darstellungen von Mitgliedern des Herrschergeschlechts. Die Bilder entstanden um 1505 und stellen die Menschen in zeittypischer Mode und Haartracht dar. Die liebevoll gestalteten Gesichter strahlen Anmut und Würde aus. Der Saal ist Zeugnis eines gar nicht so finsteren, sondern vielmehr eines bunten Mittelalters.

Kunsthandwerk in Perfektion: Schnitzerei in Schloss Tratzberg 15

Ein weiteres Glanzlicht im Rahmen der Schlossführung ist das **Königinzimmer.** Hier lohnt sich ein Blick zur Decke: Die zeitlos schöne Holzkonstruktion ist ohne einen einzigen Nagel miteinander verbunden und wird lediglich von einer edlen Marmorsäule getragen – ein Meisterwerk der Kunstfertigkeit des 16. Jh. Die jahrhundertealten Stühle verdienen ebenfalls einen genaueren Blick. Jede Stuhllehne ist mit individuellen Tier- oder Menschenköpfen verziert.

Ebenfalls zu besichtigen sind die spätgotische **Schlosskapelle**, das **Frauenstüberl** mit originalen Haushaltsgeräten, die **Fuggerkammer** mit einem gotischen Bett und einem wunderschönen Südtiroler Schrank von 1460 (Reifensteiner Kasten) sowie die **Rüstkammer** mit etlichen Ritterrüstungen und Waffen.

Im **Rittershop** kann man Mitbringsel erwerben. In der Nähe des Parkplatzes sorgt der **Schlosswirt** für Speis und Trank. Den Weg vom **Parkplatz** zum Schloss kann man entweder zu Fuß bewerkstelligen (ca. 20 Min. Gehzeit) oder mit der kleinen Bimmelbahn **Tratzberg-Express** überwinden.

› **Anfahrt:** A12 bis Ausfahrt Schwaz (17), dann Richtung Stans und weiter nach Jenbach, dort der Beschilderung zum Schlossparkplatz folgen. Alternativ verkehrt stündlich ein Bus der ÖBB-Linie 4111 vom Bhf. Schwaz bzw. vom Bhf. Jenbach zum Besucherparkplatz.

› Tratzberg 1, Jenbach, Tel. 05242 63566, www.schloss-tratzberg.at, geöffnet: April–Anf. Nov. tägl. 10–16 Uhr, Führungen ca. alle 20 Min., Eintritt: 14 €, Jugendliche 13–17 Jahre 9,50 €, Kinder 8 €, Familien 37 €, Virtual Reality-Tour (VR-Brille): weitere 4 €

› **Tratzberg-Express:** www.schloss-tratzberg.at/tirol/tratzberg-express, Fahrpreis: 2 € pro Strecke

(16) Wolfsklamm und St. Georgenberg ★★ [L4]

Viele Urlauber schätzen es, wenn sie bei ihren Ausflügen Naturschönheiten und kulturelle Glanzlichter miteinander verbinden können – und von dieser Kombination hat Tirol reichlich zu bieten. Dies gilt auch für St. Georgenberg mit seiner über 1000 Jahre alten Geschichte.

Man erreicht den auf einem Felsvorsprung thronenden Gnadenort im Rahmen einer erlebnisreichen **Wanderung** durch die wildromantische **Wolfsklamm**, die in Stans beginnt. Von Stans aus sind etwa 2,6 km und 277 Höhenmeter zu überwinden. Über gesicherte Brücken, kleine Tunnel und Stiegen folgen trittsichere Wanderer dem tosenden **Wildbach**, bis sie sich unterhalb des **ältesten Wallfahrtsortes von Tirol** befinden. Bereits für die Mönche des Mittelalters war der Weg durch die Wolfsschlucht die schnellste Verbindung vom Inntal zum Kloster am Fuße des **Karwendelgebirges.** Über eine eindrucksvolle **Holzbrücke** erreicht man schließlich den **Georgenberg**, benannt nach dem sagenumwobenen Drachentöter und Schutzpatron des Gnadenorts.

Die **Gründungslegende** geht, wie häufig im Tiroler Unterland, auf das benachbarte Bayern zurück: Ein gewisser **Rathold** aus dem Geschlecht der Herren von Aibling (aus dem heutigen Landkreis Rosenheim) brachte Anfang des 10. Jh. ein Marienbild von seinen Wallfahrten nach Rom und Santiago de Compostela in die Tiroler Wolfsschlucht. Auf einem benachbarten Hügel sollte eine Kirche entstehen. Während der Bauarbeiten kam es jedoch zu etlichen Unfällen und Vögel trugen die blutbefleckten Holzspäne zum Georgenberg, was man als Wink des Schicksals betrachtete. Bis heute gilt er als „Heiliger Berg der Tiroler".

In der Einsamkeit der Berge entwickelte sich rasch klösterliches Leben und ab ca. 1138 war St. Georgenberg eine vom Bischof von Brixen anerkannte **Benediktinerabtei.** Im Jahr 1310 soll sich während eines Gottesdienstes ein **Blutwunder** ereignet haben, bei dem sich der Messwein in Blut verwandelte. Insofern ist die Klosterburg auf dem Felsen gleich in dreifacher Hinsicht zum **Wallfahrtsort** geworden: durch das Gnadenbild der Muttergottes unter der Linde, durch das Patrozinium zum hl. Georg und durch die Heilig-Blut-Reliquie (Monstranz im Bereich des Hauptaltars).

Trotz seiner Bedeutung und großen **Verehrung** seitens der Bevölkerung führten die **abgelegene Lage** und vier Feuersbrünste in den folgenden Jahrhunderten dazu, dass die Abtei schließlich im 18. Jh. ins Tal verlegt wurde (Stift Fiecht im Inntal bei Vomp). Ungeachtet weiterer Schwierigkeiten – unter anderem unter dem aufklärerischen Kaiser Joseph II., der die Wallfahrt erschwerte – konnte die Verehrung des Heiligen Berges niemals gänzlich unterbunden werden. 2019 kehrten die Benediktiner vom Stift Fiecht sogar wieder zum Georgenberg zurück, womit wieder klösterliches Leben Einzug hielt.

Insgesamt existieren heute drei Kirchen auf dem Areal. Neben der spätbarocken **Georgskirche** und einer neu errichteten **Chorkapelle** ist das älteste Gotteshaus die sogenannte **Lindenkirche,** die zum Teil noch aus dem 13. Jh. stammt.

Für das leibliche Wohl wird im **Wallfahrtsgasthaus St. Georgenberg** mit Sommerterrasse gesorgt. Auch ein **Klosterladen** wurde eingerichtet.

› www.wolfsklamm.tirol
› **Anfahrt:** A12 bis Ausfahrt Schwaz 17, dann Richtung Stans zum Parkplatz Wolfsklamm (Oberdorf 198, Stans), Weg durch die Wolfsklamm Mai–Okt. zugänglich, Alternativroute bzw. Rückweg über die Forststraße
› **Wallfahrtsort St. Georgenberg,** Tel. 05242 63786, https://st-georgenberg.at, Klosterkomplex ganzjährig tägl. geöffnet

41 **Wallfahrtsgasthaus St. Georgenberg** €-€€, St. Georgenberg 181, Stans, Tel. 05242 71435, www.wallfahrtsgasthaus-st-georgenberg.at, geöffnet: März–Okt. tägl. 9–17 Uhr, im Winter s. Website. Einladendes Gasthaus mit guter Tiroler Küche.

021mt-se

(17) Schwaz ★★ [L5]

Zugegeben: Im Vergleich zu den benachbarten Städten Rattenberg (13) und Hall (36) ist Schwaz eher ein touristisches Aschenputtel. Doch wie im Märchen das Aschenputtel zur Prinzessin wird, kann für Besucher auch Schwaz zu einem echten Highlight werden. Die Altstadt hat einiges zu bieten, viele Besucher zieht es ins Schwazer Silberbergwerk (19) und hoch über dem Ort lockt mit der Burg Freundsberg (18) ein ganz besonders reizvolles Plätzchen.

Schon die **Geschichte** der Stadt hat es in sich: Besiedelt war die Gegend bereits seit der Jungsteinzeit, etliche Funde der Bronzezeit untermauern die prähistorische Bedeutung von Schwaz. Den meisten Tirolern und vermutlich auch vielen Bürgern der Bezirkshauptstadt dürfte nicht bekannt sein, dass Schwaz im 16. Jh. nach Wien die **zweitgrößte Siedlung im Habsburgerreich** war, was die Bevölkerung betrifft – noch vor Salzburg oder Innsbruck (25)! Die Stadt hatte damals mit rund 12.000 Einwohnern nahezu dieselbe Größe wie heute (ca. 13.000). Wenn man die Münzstadt Hall als „Wall Street des 16. Jh." bezeichnen möchte, so war Schwaz angesichts der Bedeutung des **Silber- und Kupferbergbaus** gewissermaßen das **„Tiroler Ruhrgebiet"**. Bereits in der Bronzezeit und dann verstärkt seit Beginn des 15. Jh. wurden die kostbaren Metalle gefördert und so wurden dem Gebirge zwischen 1420 und 1827 insgesamt rund 2300 Tonnen Silber sowie 191.000 Tonnen Kupfer abgerungen.

Ausgestattet mit dem Wissen über die einstige Größe der Stadt werden auch die gewaltigen Dimensionen der **Pfarrkirche Maria Himmelfahrt** verständlich. Sie gilt heute als **größte Hallenkirche Tirols**. Das Gotteshaus stammt aus der zweiten Hälfte des 15. Jh. und ist seit seiner Erweiterung 1502 als vierschiffiger Bau eine absolute architektonische Seltenheit – in der Regel sind Hallenkirchen maximal dreischiffig. Der breite Kirchenraum diente einem prakti-

◁ *Treppen führen durch die wildromantische Wolfsklamm*

△ *Geschichtsträchtig: die Schwazer Altstadt mit der Pfarrkirche*

022mt-se

MEIN TIPP

Einkehr im ältesten Schwazer Gasthaus

Viele Dutzend Gasthäuser soll es einstmals in Schwaz 17 gegeben haben, als ältestes gilt der Gasthof zur Krippe, das seit 1657 für das leibliche Wohl von Einheimischen und Gästen sorgt. Das Gasthaus serviert ausgezeichnete Tiroler Küche im alten Gewölbe oder im Gastgarten.

44 **Tippeler – Gasthof zur Krippe** €-€€, Burggasse 6, Tel. 05242 21630, www.tippeler.at, geöffnet: Mo., Mi.-Fr. 11-23, Sa. 10-23, So. 10-22 Uhr

schen Nutzen: Links saßen im 16. Jh. die katholischen Bürger und wohnten der lateinischen Messe bei, rechts nahmen die Knappen Platz und feierten den lutherischen Gottesdienst. Nach der **Reformation** war Schwaz zwischenzeitlich mehrheitlich protestantisch. Auch die radikale **Täuferbewegung** genoss in jener Zeit regen Zulauf, wurde aber sowohl von katholischer als auch von protestantischer Seite verfolgt – viele ihrer Mitglieder hat man in Schwaz, Brixlegg und Rattenberg hingerichtet. Im Kircheninneren erwartet Besucher eine reiche Ausstattung, von der insbesondere das kunstvoll gearbeitete **Taufbecken** erwähnenswert ist. Es zeigt die Jahreszahl 1470 – die Ziffer 4 ist, wie im Spätmittelalter üblich, als halbe 8 dargestellt. An der Außenseite des Gotteshauses prangt eine großflächige Malerei des hl. Christophorus, wie man sie häufig an Tiroler Kirchen findet. Beeindruckend ist auch die breite Westfassade.

An Letztere schließt sich die **Franz-Josef-Straße** an, die das Herz der Altstadt bildet. Weitere Sehenswürdigkeiten sind der **Stadtpark** gleich hinter der Pfarrkirche (ein ehemaliger Friedhof mit Friedhofsturm), das schlossartige **Fuggerhaus** (Ludwig-Penz-Str. 21, Privatbesitz), das den Reichtum während der Blütezeit von Schwaz verdeutlicht, und das südlich davon gelegene **Franziskanerkloster** mit sehenswertem Kreuzgang und Fresken aus dem frühen 16. Jh. Für eine Pause empfiehlt sich ein Besuch im Schwazer Gasthaus **Tippeler** (s. links).

› www.schwaz.at, https://silberregion-karwendel.com

42 **Pfarrkirche Maria Himmelfahrt**, Franz-Josef-Str., www.dibk.at/Media/Pfarren/Schwaz-Maria-Himmelfahrt

43 **Franziskanerkloster Schwaz**, Gilmstr. 1, www.franziskaner-schwaz.at

Taufbecken aus dem 15. Jh. in der Schwazer Pfarrkirche

Der Bergfried von Burg Freundsberg, daneben die Schlosskapelle

18 Burg Freundsberg ★★ [L5]

Bereits von der Autobahn fällt die markante Erhebung oberhalb von Schwaz auf, die von einem Turm und einer Kirche bekrönt ist. Von der Altstadt aus wirkt der „Zuckerhut" besonders anziehend. Deshalb nichts wie hinauf! Die kleine Anstrengung lohnt sich sowohl in kulinarischer als auch in kunsthistorischer und landschaftlicher Hinsicht. Denn von hier oben genießt man eine großartige Sicht auf die Stadt und das Karwendelgebirge gegenüber.

Ein gewichtiges Argument der Einheimischen, hier heraufzupilgern, ist das nette **Lokal und Café** mit Sonnenterrasse.

Die Burg selbst gehörte bis zum 15. Jh. dem Adelsgeschlecht von Freundsberg. Ab 1468 ging sie in den Besitz des Tiroler Herzogs **Siegmund des Münzreichen** (1427–1496) über, der in jener Zeit finanziell vom Schwazer Silberboom profitierte und Freundsberg zum Jagdschloss umbauen ließ.

Heute bildet der **Bergfried** den würdigen Rahmen für ein **Heimatmuseum**, das sich der Geschichte von Schwaz und seiner Umgebung widmet. Gegen einen kleinen Eintritt, der im Gasthaus zu entrichten ist, kann man es besichtigen. Zu den Exponaten zählen unter anderem Uniformen und Tiroler Trachten. Keinesfalls entgehen lassen sollte man sich den Aufstieg bis in die Turmspitze. Denn dort lockt nicht nur die **Trinkstube** Herzog Sigmunds, sondern ein echter Kunstschatz des Mittelalters: Im ehemaligen Schlafgemach des Herzogs, der **Kammer**, sind einmalige **Wandmalereien** erhalten – Fresken mit profanen Motiven sind im Gegensatz zu kirchlichen eine Seltenheit. Dargestellt sind unter anderem Jagdszenen, zwei Burgfräulein mit Falken sowie etliche Tiere wie eine Eule, ein Hase und ein Einhorn. Die Malereien gab vermutlich Herzog Siegmund in Auftrag, zugeschrieben wurden sie dessen Hofmaler Jos Weninger.

Direkt neben dem Turm steht die **Schlosskirche.** Sie stammt aus dem 17. Jh. und wurde im Stil der Spätrenaissance errichtet.

› **Parken und Wegbeschreibung:** kleiner Parkplatz in der Nähe der Burg, zu Fuß vom Ortszentrum aus ca. 25 Min. Aufstieg (von der Franz-Josef-Str. via Fuggergasse zum Fuggerhaus und von hier beschildert in Sichtweite)

› **Burg und Gasthaus Freundsberg** €€, Burggasse 55, Tel. 05242 65129, www.freundsberg.com, geöffnet: **Museum** Apr.–Okt. Di.–So. 10–17 Uhr, **Gasthaus** Di.–Sa. 10–22, So. 10–18 Uhr, Eintritt: Museum 3,50 €, erm. 2,50 € (im Gasthaus zu zahlen), mittags und abends warme Küche, dazwischen kleine Jausenkarte sowie Kaffee und Kuchen

047mt-se

19 Schwazer Silberbergwerk ★ [M5]

„Swatz ist aller perckhwerck muater“ („Schwaz ist die Mutter aller Bergwerke“), heißt es in einem Reim aus dem Jahre 1558 und dieser Satz ist keineswegs übertrieben. Zu den Hochzeiten des Bergbaus schufteten mehr als 10.000 **Knappen** unter Tage und trieben immer tiefere Schächte in den Silberberg, um das begehrte Metall ans Tageslicht zu bringen.

Aus ganz Europa überfluteten **Arbeitsmigranten** das einstmals unbedeutende Bauerndorf auf der Schattenseite des Inns – viele von ihnen kamen aus Böhmen und Sachsen. Die Arbeit war beschwerlich und der Tod ein ständiger Begleiter. Eine Zeit lang hielt sich der Arzt Theophrastus Bombast von Hohenheim – genannt **Paracelsus** – in Schwaz auf und analysierte die von giftigen Dämpfen ausgelösten Lungenleiden vieler Bergarbeiter. Gleichwohl schien sich die Arbeit auch zu lohnen: Die Knappen erhielten gewisse Privilegien und bauten sich sogar ein frühes Sozialsystem auf. Gleichzeitig kam es zu **Konflikten** mit den Tiroler Kaufleuten und deutschen Handelshäusern wie den Fuggern, den sogenannten Gewerken, die die Schürfrechte besaßen und sich so einen gewaltigen Reichtum erwarben – man denke nur an die Pracht von Schloss Tratzberg 15. Etliche Knappen zeigten sich gegenüber lutheranischen Reformationsbestrebungen offen.

Die **Konkurrenz** aus dem spanisch kolonialisierten Südamerika ließ die Bergarbeiter immer tiefere Stollen unter die Talsohle des Inns treiben, was wiederum die Gefahr des Grundwassereintritts mit sich brachte. Eine ausgeklügelte Technik mittels Wasserrädern und sogenannten Wasserknechten – die **Schwazer Wasserkunst** – schaffte hier Abhilfe.

Diese Arbeitsweise wird im **Schaubergwerk**, das mittlerweile einige Millionen Besucher unter Tage gelockt hat, ebenso thematisiert wie die Gesteinskunde und die Bergbautechnik des späten Mittelalters.

Am Eingang des Silberbergwerks empfängt die Besucher ein **silberner Stier**, der auf die **Gründungslegende** Bezug nimmt: Danach hat der Schwazer Silberrausch seinen Ursprung Anfang des 15. Jh., als die Tiroler Magd Gertraud Kandlerin während eines Gewitters auf der Alm einem wilden Stier begegnete, der mit seinen Hörnern einen silbernen Klumpen aus dem Boden gegraben hatte.

Während der **Bergwerksführung** sieht man im Stollenlabyrinth auch einige Knappen-Figuren und begegnet der hl. Barbara, der Schutzpatronin der Bergleute. Ein Highlight besonders für Kinder ist die Fahrt mit der **Grubenbahn**. Geld ausgeben kann man im **Silbershop** und in der **Knappenkuchl**, wo man sich stärken kann.

› Alte Landstr. 3a, Tel. 05242 72372, www.silberbergwerk.at, geöffnet: Mai–Sept. tägl. 9–17, Okt.–April tägl. 10–16 Uhr, Tickets für Führungen können online gebucht werden, Eintritt: 20 €, erm. 17 €, Kinder 5–14 Jahre 13 €, Familien ab 44 €

Infos und Reisetipps, Einkaufen

ℹ 45 Tourismus-Infostelle Schwaz und Schatzkammer Silberregion-Shop, Franz-Josef-Str. 23, Tel. 05242 21073, www.schatzkammer-schwaz.at, geöffnet: Mo.–Fr. 9–18, Sa. 9–12.30 Uhr. Offizielle Informationsstelle des Tourismusverbands der Stadt und gleichzeitig Shop für Produkte aus der Region. Hier kann man u. a. Honig, Käse und Handwerkskunst erstehen.

048mt-se

20 Zillertal ★★★ [N5]

In gewisser Weise ist das Zillertal eine Art Tirol im Kleinformat. Fast alles, was diesen Landstrich ausmacht, findet man hier: grüne Wiesen mit Kühen und traditionsreichen Höfen, historische Kirchen auf Anhöhen, von Seilbahnen erschlossene Berge, Wasserfälle, ein breites touristisches Angebot und einen Gletscher auf über 3000 Metern Höhe.

Eigentlich ist „Kleinformat" der falsche Begriff für das Tal, dessen Name auf dem **Fluss Ziller** gründet: Immerhin ist es sowohl das breiteste der südlichen Seitentäler des Inns als auch **eines der längsten Tiroler Täler** überhaupt. Wenn man die Verlängerung des Ziller-Zuflusses Tuxbach miteinbezieht, erstreckt sich das Tal zwischen Strass am Ausgang zum Inntal und dem Hintertuxer Gletscher 24 auf über 50 km Länge. Besonders im nördlichen und mittleren Abschnitt ist das Tal relativ dicht besiedelt. Die **wichtigsten Orte** sind Schlitters, Fügen und Zell am Ziller (beide s. S. 60) sowie Mayrhofen 22. Die einst kleinen, verstreuten Bauerndörfer sind im 20. Jh. deutlich angewachsen. Hauptfaktor war die touristische Erschließung der Region für den Sommer- und vor allem den Wintertourismus – rund **sieben Millionen Übernachtungen pro Jahr** sprechen für sich. Daneben sind auch Industrie- und Gewerbebereiche entstanden, die nicht immer mit der idyllischen Landschaft harmonieren und über die man hin und wieder gnädig hinwegsehen muss. Tut man dies im wahrsten Sinne des Wortes – etwa von den Glasfenstern der **Zillertalbahn** (s. S. 56) aus – so entdeckt man auch heute noch urige Bauernhöfe und Scheunen sowie uralte Kirchhügel rechts und links des Tals, darunter die **Wallfahrtskirche Maria Brettfall** (s. S. 54) oder die Kirche **St. Pankraz bei Fügen.** Einige Dörfer haben sich trotz des touristischen Interesses bis heute ihren Charme erhalten, so etwa **Stumm** 21 im mittleren Zillertal. Aufgrund der Vielzahl von Seilbahnen und Wanderrouten verteilen sich die Touristen insbesondere im Sommer und in der Nebensaison. Mit etwas Glück wandert man auf so manch unbekanntem Pfad fast allein.

Übergang vom Zillertal ins Inntal – Blick von Maria Brettfall (s. S. 54)

Die Besiedelung des Tals begann in der **Vorzeit:** Bereits in der Steinzeit bestand am Tuxer Joch ein wichtiger Übergang des Hauptalpenkamms zwischen Wipptal 38 und Zillertal. Viele Ortsnamen reichen in römische und keltische Zeit zurück. Die bajuwarische Besiedelung begann im 6. Jh., christianisiert wurde das Tal im 8. Jh. Seit dem frühen Mittelalter bildete der Fluss Ziller die Grenze zwischen dem Bistum Salzburg und dem Bistum Säben-Brixen.

Im 19. Jh. haben Vorfahren des Autors dieses Buches das Zillertal in all seinen Facetten beschrieben und sind auch auf die sogenannten Sängerfamilien eingegangen. Die Musik hat man in diesem Teil Tirols seit Generationen im Blut und neben klassischen **Volksmusikgruppen** ist es auch etlichen Ensembles gelungen, mit volkstümlichen Klängen einen gewaltigen kommerziellen Erfolg zu erzielen – man denke nur an die **Zillertaler Schürzenjäger**, die in ihrer Hochphase ganze Arenen füllten, oder die Gruppe **Ursprung Buam** aus Stumm, die Fans von Wien über Dresden bis Hamburg hat.

Seit einigen Jahren hat man sich im Tal verstärkt der **nachhaltigen Landwirtschaft** verschrieben und es gibt einige Betriebe wie die Erlebnissennerei Zillertal (s. S. 57), die besondere regionale Schmankerln produzieren.

› www.zillertal.at

MEIN TIPP

Wanderung zur Wallfahrtskapelle Maria Brettfall

Nur zwei Stationen sind es mit der **Zillertalbahn** (s. S. 56) bis nach **Strass** [M4]. Hier geht das Ziller- 20 ins Inntal über. Am westlichen Talrand sieht man die kleine, auf einer Anhöhe über Strass thronende **Wallfahrtskirche Maria Brettfall** schon von Weitem. Von der Bahnstation geht man ein kleines Stück auf der Straße nach Süden und gelangt dann rechter Hand auf den **Kreuzweg,** der in ca. 30 Min. zu dem schmucken Gotteshaus führt. Von hier oben genießt man einen herrlichen Blick über das Ziller- und Inntal und kann im urigen **Gasthaus** eine zünftige Tiroler Jause zu sich nehmen. Unter anderem gibt es Tiroler Knödel und Wildgerichte sowie bayerische Biere.

023mt-se

Als längere Variante kann man von Maria Brettfall zur **Burgruine Rottenburg** weiterwandern. Die mächtigen Mauern zeugen noch heute von einer bedeutenden Vergangenheit. Besondere Bekanntheit erlangte der Ort durch das Wirken der **hl. Notburga** (s. S. 40), zu deren Ehren eine kleine Kapelle neben der Ruine errichtet worden ist. Im benachbarten **Rotholz** [M4] gibt es einen Bahnhof der Zillertalbahn.

- 46 **Gasthaus Maria Brettfall** €, Brettfall 38, Strass im Zillertal, Tel. 0664 3041300, geöffnet: tägl. außer Mi. tagsüber
- ★47 **Burgruine Rottenburg,** frei zugänglich

21 Stumm ★ [N5]

Trotz des Tourismus, der natürlich auch in Stumm seine Spuren hinterlassen hat, konnte sich die Gemeinde ihren **Tiroler Charme** und **authentischen Ortskern** erhalten. Am Ortsrand stehen einige alte Bauernhöfe, man sieht Kühe auf der Weide und wird von Dorfkatzen, die sich gerne streicheln lassen, miauend begrüßt.

Während große Teile des Zillertals 20 vom 9. bis ins 19. Jh. dem Hochstift Salzburg zugehörig waren, wurden die Güter von Stumm 1132 dem neu gegründeten **Kloster Herrenchiemsee** geschenkt. Ab 1244 hatten bayerische Herzöge das Sagen, nach 1506 die Grafen von Tirol.

Im Dorfkern existiert noch ein **Gemischtwarenhändler** wie von anno dazumal mit altem Ladenschild. Der benachbarte **Landgasthof Linde** verwöhnt den Gaumen in historischem Ambiente. Gleich daneben, versteckt hinter einer Mauer, steht das ehemalige **Schloss Stumm**, heute in Privatbesitz. Durch den Zaun am Eingangstor kann man zumindest einen Blick auf den wunderbar harmonischen Ansitz – so der Name kleiner Tiroler Burgen – werfen, der als perfekter Drehort einer Adelsverfilmung herhalten könnte. Das quadratische Gebäude mit steilem Walmdach und vier Erkern an den Seiten wurde im Jahr 1550 errichtet.

Ebenfalls direkt im Ortskern steht die **Pfarrkirche hl. Rupert.** Um das Gotteshaus erstreckt sich der Dorffriedhof mit schmiedeeisernen Kreuzen. Errichtet wurde die Kirche im frühen 16. Jh. als spätgotische Hallenkirche, es existierte jedoch bereits ein Vorgängerbau. Das Patrozinium des **hl. Rupert** ist vermutlich nicht zufällig gewählt: Einerseits ist er der Landespatron von Salzburg und gilt als Missionar der Bayern, andererseits ist sein Attribut ein **Salzfass,** das eine Verbindung zu wichtigen Ferntransportwegen für Salz nahelegt. Im 18. Jh. wurde das Kircheninnere barockisiert. 1898 übermalte man die Deckenfresken des Schwazer Rokoko-Kirchenmalers **Christoph Anton Mayr** (1720–1771) im damaligen neoromanischen und antibarocken Zeitgeist, legte sie aber ab 1946 wieder frei. Der strahlend leuchtende **Freskenzyklus** stellt überlieferte Szenen aus dem Leben des hl. Rupert dar. Neben einem ausdrucksstarken Kruzifix – 1842 von dem Zillertaler Bildhauer **Franz Seraph Nissl** (1771–1855) gefertigt – ist das Herzstück der Kirche das **Gnadenbild von Stumm** im Zentrum des Hochaltars. Die heitere Darstellung der Muttergottes, die den Jesusknaben auf dem linken Arm trägt und ihm in ihrer rechten Hand einen Apfel zeigt, gelangte vermutlich durch Schenkung eines Adeligen in die Stummer Pfarrkirche.

48 Landgasthof Linde €€-€€€, Dorf 2, www.landgasthof-linde.at, Tel. 05283 2277, geöffnet: Mi.–So. 11–14 u. 17–23 Uhr. Dieses besondere Tiroler Gasthaus blickt auf eine 500-jährige Geschichte zurück und besitzt eine wunderschöne Gaststube mit Holzdecke. Die exquisite Tiroler Küche macht das Lokal zu einem kulinarischen Fixstern für Feinschmecker im Zillertal.

22 Mayrhofen ★★ [N7]

In Mayrhofen liegt die **Endhaltestelle der Zillertalbahn** (s. S. 56). Der Ort ist Ausgangspunkt für Touren zum Hintertuxer Gletscher 24 und ein beliebter **Wintersportort,** der über 1 Mio. Übernachtungen pro Jahr verzeichnet. Besonders die **Penkenbahn** mit Zugang zum Wintersportgebiet **Ski Zillertal 3000** ist ein Win-

MEIN TIPP

Mit der Zillertalbahn nach Mayrhofen

Ins **Zillertal** 20 gelangt man bequem auf Schienen, und zwar mit der nostalgischen kleinen **Zillertalbahn,** die regelmäßig im **Halbstundentakt** zwischen Jenbach [M4] und Mayrhofen 22 verkehrt. Von Mayrhofen fahren dann Busse zu den Seilbahnen, etwa zum Hintertuxer Gletscher 24. Die **Fahrkarten** kann man an Automaten oder direkt im Zug beim Schaffner erwerben. Zusätzlich zum Linienverkehr verkehren spezielle **Dampfzüge.**

› **Infos:** www.zillertalbahn.at

termagnet. In den letzten Jahren hat sich Mayrhofen jedoch auch vermehrt dem Sommertourismus verschrieben.

Zwar gibt es im Ortszentrum selbst nicht allzu viel zu entdecken, das Umland bietet jedoch eine Vielzahl an Ausflugs- und Wandermöglichkeiten. Das südlich in Richtung **Schlegeisspeicher** 23 gelegene **Bergsteigerdorf Ginzling** [M7] ist ein guter Ausgangspunkt für ausgedehnte Wanderungen und Bergtouren.

Ein modernes Wahrzeichen der Region ist die **Granatkapelle am Penken** [M7] auf 2087 m Höhe. Sie besticht mit ihren klaren geometrischen Strukturen und gleicht einem Monolith, der gerade aus dem Weltall auf dem Sonnenjoch neben dem **Speichersee** gelandet zu sein scheint. Man erreicht die Kapelle von der Bergstation der **Finkenberger Almbahnen** in circa 10 Min. Entworfen wurde sie von dem bekannten Schweizer Architekten **Mario Botta,** geweiht ist sie dem Zillertaler Seligen **Engelbert Kolland,** einem Franziskaner, der 1860 zusammen mit zehn weiteren Glaubensbrüdern in Syrien ermordet wurde.

Etwa drei Kilometer südwestlich von Mayrhofen am Beginn des **Tuxertals** liegt der Ort **Finkenberg** [M7]. Lohnenswert ist eine abwechslungsreiche **Wanderung** zur sagenumwobenen, denkmalgeschützten **Teufelsbrücke.** Sie führt vorbei an alten Scheunen, durch ein Naturschutzgebiet und entlang einer atemberaubend tiefen Klamm (s. Wegbeschreibung auf S. 116).

Die Zillertalbahn verkehrt zwischen Jenbach und Mayrhofen 22

Liebhaber alter Sagen und mystischer Kraftplätze werden wenige Kilometer nordwestlich von Mayrhofen auf ihre Kosten kommen. Dort erhebt sich der sogenannte **Burgschrofen** [M–N7], ein auffälliger **Hügel samt Kapelle.** Dies allein ist in Tirol noch keine Seltenheit, doch dieses Ensemble stellt Heimatforscher bis heute vor Rätsel. Einige archäologische Indizien weisen darauf hin, dass es sich um einen bedeutenden Tiroler Kultplatz der Vorzeit handeln könnte. Der Zillertaler Stefan Wechselberger hat sich die Erforschung des sagenumwobenen Bodendenkmals zur Aufgabe gemacht und ein Buch darüber geschrieben.

Empfehlenswert ist ein Besuch der **Erlebnissennerei Zillertal**, vor allem für Familien mit Kindern.

- › www.mayrhofen.at (mit allen Infos zu den Bergbahnen)
- › **Granatkapelle:** https://granatalm.at/de/granatkapelle
- › **Burgschrofen:** www.das-geheimnis-vom-burgschrofen.com

★49 Erlebnissennerei Zillertal, Hollenzen 116, Anfahrt: von Mayrhofen über die B169 in Richtung Zell am Ziller bis Hollenzen, Bus 8327 bis zur Station Erlebnis-Sennerei, Tel. 05285 6390633, www.erlebnissennerei-zillertal.at, Besichtigung der Schausennerei und des Bauernhofs (nicht ganzjährig) Mo.–Sa. 9–17 Uhr, Ab-Hof-Verkauf Mo.–Fr. 8–18, Sa. 8–17 Uhr, teilweise auch So. geöffnet (s. Website). Hier kann man den Käsern bei der Herstellung von Heumilch-Käse über die Schulter schauen, die herzhaften Köstlichkeiten selbst probieren und im Shop erwerben. Daneben existiert ein Schaubauernhof, der bei Kindern sehr beliebt ist, und im Sommer hat das Restaurant Sennereiküche geöffnet, das traditionelle Tiroler Leckereien auftischt.

23 Schlegeisspeicher ★★ [L8]

Eigentlich ist er nur einer von mehreren **Stauseen**, die in den Tiroler Zentralalpen zur Gewinnung von Strom errichtet worden sind. Beim Bau ist man vermutlich noch nicht davon ausgegangen, dass zumindest eines dieser künstlich geschaffenen Gewässer Jahrzehnte später eine Art touristischen **Kultstatus** entwickeln würde. Erheblich dazu beigetragen haben in den letzten Jahren diverse Influencerinnen und Influencer und andere Nutzer sozialer Netzwerke, die sich regelmäßig vor dem Hintergrund des Schlegeisspeichers mehr oder weniger spektakulär in Szene setzen – doch dazu später mehr.

Zunächst einmal war der Stausee ein **technisches Mammutprojekt:** Der auf knapp 1800 Höhenmeter liegende See mit 129 Mio. m³ Wasser wird seit 1972 von einer 131 m hohen und 725 m langen **Staumauer** begrenzt. 960.000 m³ Beton wurden dabei verbaut. Die Staumauer wirkt besonders anziehend auf Kletterer, gibt es dort doch einen spektakulären **Klettersteig** und eine **Seilrutsche.**

Mit der Errichtung der Staumauer ist ein künstlicher Fjord entstanden, der im Zusammenspiel mit dem **Schlegeisgrund-Gletscher** am südlichen Ende eines der beliebtesten Fotomotive Tirols darstellt, womit wir wieder bei den Influencern wären. Deren Parade-Spot ist eine kleine **Brücke** in der Nähe der **Olpererhütte** auf 2389 m Höhe. Auf Fotos erweckt sie den Eindruck, als würde man tausend Meter über dem See balancieren. Unabhängig von dieser optischen Täuschung ist der Ausblick von der Olpererhütte tatsächlich ein Augenschmaus. Besonders an den Wochenenden in der Hauptsaison muss man aufgrund des großen Andrangs froh

069mt©Martin Krake, stock.adobe.com

sein, einen Platz zu ergattern. Hier gilt wie so oft: Früh da sein lohnt sich. Baden und Wassersport sind im Stausee übrigens nicht gestattet.

Den **Schlegeisspeicher-Parkplatz** erreicht man von Mayrhofen 22 aus über **Ginzling** [M7] und die kostenpflichtige **Schlegeis-Alpenstraße**, die nur im Sommer befahrbar ist.

› www.schlegeis-speicher.com, www.schlegeis131.at
› www.olpererhuette.de
› **Anfahrt:** mit dem Auto über die 15 km lange Schlegeis-Alpenstraße, Mitte Mai–Okt. je nach Schneelage geöffnet, Mautgebühr: Pkw 15,50 €, Motorrad 11,50 €. Die teils nur einspurige Mautstraße wird durch Ampeln geregelt und führt über acht Kehren und durch einen Natursteintunnel zum Stausee. Alternativ mit Bus 4102 vom Bhf. Mayrhofen 22.

Beliebtes Fotomotiv: Blick von der Olpererhütte auf den Schlegeisspeicher

24 Hintertuxer Gletscher mit Natureispalast ★★★ [L8]

Gleich in mehrfacher Hinsicht stellt der Hintertuxer Gletscher eine Besonderheit dar: Er ist trotz des Klimawandels nach wie vor das einzige Skigebiet Österreichs, welches das ganze Jahr über befahren werden kann – im Hochsommer allerdings nur noch teilweise. Mit seiner Panoramaterrasse auf 3250 m Höhe stellt er den höchsten mit einer Gondelbahn zu erreichenden Punkt des Zillertals 20 dar, von dem man bei guter Fernsicht eine gigantische Aussicht über das „Dach Tirols" mit seinen 3000ern genießt. Und er besitzt mit dem Natureispalast eine unterirdische Zauberwelt, die tief im Gletscher verborgen ist.

Das **Tuxertal** ist ein von Mayrhofen 22 aus in Richtung Südwesten führendes „Anhängsel" des Zillertals, das weit in die Zentralalpen hineinführt. Während Mayrhofen auf gut 600 Höhenmetern liegt, befindet man sich in **Hintertux** bereits auf 1500 m. Der kleine Ort am Ende des Tals kann übrigens auch mit der **höchstgelegenen Thermalquelle Europas** aufwarten.

Von Hintertux aus geht es dann über weitere 1500 m in luftige Höhen. Neben Gondel- und Liftanlagen existieren für Fußgänger **drei Seilbahn-Sektionen** namens **Gletscherbus 1 bis 3**, die Wanderer, Skifahrer und Snowboarder auf 3250 m Höhe bringen. Oben angekommen, muss man sich zunächst an die **dünne Luft** gewöhnen. Doch es sind nur wenige Stufen – oder alternativ ein Lift – bis zur **Aussichtsplattform**, von der aus man den Blick in alle Himmelsrichtungen schweifen lassen kann: zum nahe gelegenen **Olperer** (3476 m) ebenso wie zur **Zugspitze** 55 (2962 m) oder zum **Großvenediger** (3657 m).

Ganz in der Nähe der Seilbahnstation steht eine unscheinbar wirkende Hütte, in der man Eintrittskarten für den **Natureispalast** erwerben kann. Die mehrmals täglich stattfindenden **Führungen** führen tief in den Gletscher hinein. Entdeckt hat die Gletscherspalte der Tiroler Bergführer und Hobbyforscher **Roman Erler** im Jahr 2007. Seither ist die Wunderwelt mit ihren bizarren Eisformationen zu seinem Lebenswerk geworden. Immer weiter drangen er und sein Team in die unterirdische Welt vor, legten Stollen im Eis an und entdeckten neue, märchenhafte Hohlräume. Sogar auf einen natürlichen **unterirdischen Gletschersee** stießen sie – 20 m tief und 30 m unter der Skipiste gelegen. Dass er nicht gefriert, liegt am Mangel an Ionen im Wasser trotz einer konstanten Temperatur von knapp unter 0 °C.

Mithilfe von Treppen, Leitern und Beleuchtungstechnik können rund 600 m der Eishöhle besichtigt werden. Eine hübsche **Eiskapelle** mit Kruzifix ist einer der ersten Hingucker auf dem Weg. Man geht weiter durch natürliche Gletscherspalten zu glitzernden Hohlräumen mit teils skurril verbogenen **Eiszapfen.** Mit etwas Einbildungskraft entdeckt man gefrorene Gesichter, Tiere und Fantasiewesen. Ein 50 m tiefer Stollen dient Forschungszwecken. Zum Abschluss der Tour kann man auf dem Gletschersee eine kleine **Bootsfahrt** unternehmen. Gegen Aufpreis kann man sogar auf einem **SUP-Brett** über das Wasser gleiten. Auch Eisschwimmer nutzen den See als Trainingsgewässer. Über die Jahre hat der See angesichts des touristischen Ansturms ein wenig gelitten – auch Münzen werden darin versenkt.

In Zeiten des **Klimawandels** hat man vielleicht nicht mehr lange die Möglichkeit, dem Innenleben eines Gletschers so nahezukommen. Noch ist dieser hier fest mit dem Fels verwachsen und bewegt sich daher nicht. Allerdings entdecken immer mehr Touristen die Attraktion für sich, weshalb eine frühe Führung am Vormittag angeraten ist, da dann kleinere Gruppen unterwegs sind. **Achtung:** Der Weg bis zum Eingang führt über einen **steilen Hang** der Skipiste. In der Höhle geht es über Leitern und Stufen: Daher werden festes Schuhwerk und Winterkleidung unbedingt empfohlen.

Gastronomie und **Toiletten** gibt es lediglich im Bereich der Seilbahn-Mittelstationen (Sommerbergalm, Tuxer Fernerhaus, Spannagelhaus).

Wer noch mehr Höhlenerlebnis möchte: Das Naturdenkmal **Spannagelhöhle** mit Marmorschichten in der Nähe der gleichnamigen Hütte lässt sich ebenfalls besichtigen.

› **Anfahrt:** von Mayrhofen 22 über Tuxer Str. ca. 30 Min., alternativ vom Endbahnhof der Zillertalbahn (s. S. 56) in Mayrhofen mit Buslinie 4104 bis zur Talstation

•**50 Talstation Hintertuxer Gletscher,** Hintertux 794, Tux, Tel. 05287 8510, www.hintertuxergletscher.at, Betriebszeiten der Seilbahn: tägl. 8.15–16.30 (im Sommer s. Homepage), Berg- und Talfahrt mit Gletscherbus 1, 2 und 3, nicht in Gondelbahn Gefrorene Wand ab Tuxer Fernerhaus einsteigen (!), Panoramaticket Faszination Eis (Fußgänger) 42,50 €, Jugendliche 26,50 €, Kinder bis 6 Jahre frei, Teilstrecken und Skipässe s. Website

› **Natureispalast,** Tel. 0676 3070000, www.natureispalast.info, Basistouren stündlich 10.30–14.30 Uhr, Anmeldung im Container unterhalb der Bergstation von Gletscherbus 3, Zutritt ab 6 Jahren, Basistour inkl. Bootsfahrt: 26 €, Kinder bis 11 Jahre 13 €, weitere Angebote wie SUP oder Eisschwimmen nach Voranmeldung

› **Spannagelhöhle:** www.tux.at/spannagelhoehle

Weitere Ziele im Zillertal

51 Bienenhof Zillertal, Unterdorf 137, Strass, Anfahrt: direkt an der B171 gelegen, von der Zillertalbahn- Haltestelle Strass ca. 15 Min. Fußweg zum westlichen Ortsende, Tel. 05244 64774, www.bienenhof.shop, geöffnet: Mo.–Fr. 9–18, Sa. 9–17 Uhr. Feiner Honigladen mit wohlschmeckenden Produkten aus der Region, die sich auch hervorragend als Mitbringsel eignen. Lässt sich gut mit einem Besuch der Wallfahrtskirche Maria Brettfall verbinden (s. S. 54).

› **Fügen im Zillertal** [M5]. Im Hauptort des vorderen Talabschnitts sind das **Barockschloss Fügen** (keine Innenbesichtigung) samt dem als neues Ortszentrum gestalteten Platz davor und die **Pfarrkirche Mariä Himmelfahrt** sehenswert. Südwestlich des Ortes erhebt sich der markante Hügel **Pankrazberg,** auf dem die spätgotische **Wallfahrtskirche zum hl. Pankrazius** mit Netzrippengewölbe und mittelalterlichen Fresken im Inneren thront. Gleich nebenan lädt das urige **Gasthaus St. Pankraz** zur Einkehr ein. Von Fügen aus führt die Hochfügener Straße zu dem auf 1480 m Höhe gelegenen Skiort **Hochfügen.**

52 Gasthaus St. Pankraz €-€€, St. Pankrazweg 129, Fügenberg, Tel. 05288 63527, www.gasthaus-stpankraz.at, geöffnet: Mo., Do.–Sa. 16–21, So. 11–21 Uhr. Zusammen mit der alten gotischen Kirche ein Tiroler Ensemble für Leib und Seele. Freundliche Wirtsleute und hervorragende Tiroler Küche.

53 Regionalmuseum Zillertal, Talstraße 50 b, Zell am Ziller, Zillertalbahn-Haltestelle Laimach-Regionalmuseum, Tel. 05282 2281, geöffnet: Juni–Anf. Okt. Mo.–Fr. 10–16 Uhr, Eintritt mit Führung: 5 €. Kleines, aber feines Heimatmuseum mit dem wertvollen alten Hof Ental aus dem Jahr 1713. Am besten kombiniert man einen Museumsbesuch mit einer Stärkung im Restaurant Metzgerwirt.

54 Restaurant Metzgerwirt €€, Laimach 190, Hippach, zwischen Zell am Ziller und Mayrhofen unweit der Zillertalbahn-Haltestelle Laimach-Regionalmuseum, Tel. 05282 3059, www.metzgerwirt-zillertal.at, geöffnet: Mo. 17–21, Di.–So. 11.30–13.30 u. 17–21 Uhr. Raffinierte Küche und heimische Produkte. Zusätzlich Metzgerei und Hotelbetrieb.

› **Zell am Ziller** [N6]. In der Nähe des Gerlospasses gelegen, blickt der Ort weit in die Vergangenheit zurück. Den Grundstein legten Mönche im 8. Jh., die hier eine Zelle errichteten. Jüngeren Datums ist die **Pfarrkirche St. Veit** aus dem Jahr 1779 mit einem prachtvollen Deckenfresko des Tiroler Rokoko-Malers Franz **Anton Zeiller** (1716–1794).

Innsbruck und Umgebung

Der mittlere Teil Nordtirols rund um Innsbruck㉕ wird auch **Zentralregion** genannt. Neben der **Landeshauptstadt** mit ihrer pittoresken Altstadt, dem Goldenen Dachl㉖ und der Hofkirche㉘ gibt es viele spannende **Ausflugsziele** am Stadtrand und im Großraum, etwa Schloss Ambras㉝, die mittelalterliche Altstadt von Hall㊱, den Bergisel㉜, die Swarovski Kristallwelten㊲ oder den Alpenzoo㉙. Auch das südlich gelegene Wipptal㊳ und dessen Seitentäler werden zu dieser Region gerechnet, ebenso die Gemeinden Zirl㊴ und Seefeld㊵.

㉕ Innsbruck ★★★ [J6]

Innsbruck ist eine Stadt der Kontraste: Eben noch durch die verwinkelten Gassen der Altstadt geschlendert und die berühmte Hofkirche㉘ Kaiser Maximilians I. mit ihren unheimlich wirkenden schwarzen Skulpturen bestaunt und nur eine Stunde später in hochalpiner Felslandschaft auf über 2000 Höhenmetern über der Stadt wandeln – das geht so nur in Innsbruck!

Mit der futuristisch anmutenden **Hungerburgbahn** und den **Nordkettenbahnen** gelangt man in Windeseile aus dem Herzen der Stadt auf ihren alpinen Balkon㉚. In der „**Hauptstadt der Alpen**" kumulieren österreichische Kulturschmankerln und Naturschönheiten auf engstem Raum: Direkt neben der Hofburg㉗ Maria Theresias liegt der prächtig blühende Hofgarten, ganz in der Nähe rauscht der wilde Inn. Es gibt **gemütliche Kaffeehäuser** und rustikale Tiroler Gaststuben, nach Sonnenuntergang zieht das quirlige **Nachtleben** Einheimische wie Besucher in den Bann. Mit seiner **barocken Kirchenpracht** ist die Alpenmetropole einerseits eine konservativ-katholische Stadt voll Traditionsbewusstsein und andererseits eine modern-progressive Studierendenhochburg mit grünem Bürgermeister. Diese Kontraste harmonieren andernorts nicht immer – in Innsbruck indes tun sie es!

Innsbruck: Blick in Richtung Goldenes Dachl㉖ und Nordkette㉚

050mt-se

Innsbrucker Altstadt

Bis heute wurde der Stadtkern von Innsbruck – neben Hall (36) *und Rattenberg* (13) *eine der schönsten historischen Altstädte Tirols – vom großen Kommerz der Neuzeit verschont. Hier dominieren kleine Geschäfte und urige Wirtshäuser. Wer genauer hinschaut, findet an jedem zweiten Haus ein liebenswertes historisches Detail, ein Wappen oder ein Wandgemälde.*

Die wichtigste Straße der Altstadt ist die **Herzog-Friedrich-Straße.** Sie beginnt am Inn mit der **Ottoburg,** einem wehrhaften Gemäuer aus dem Mittelalter. Zur Rechten folgt nach wenigen Metern das **Hotel zum Goldenen Adler:** ein geschichtsträchtiger Gasthof, der 1573 erstmals erwähnt wurde und dessen Fresken zum Teil aus dem 16. Jh. stammen. Wer hier nächtigt, befindet sich in prominenter Gesellschaft: Auch Johann Wolfgang von Goethe, Wolfgang Amadeus Mozart und Andreas Hofer haben im Goldenen Adler logiert. Die Goethestube erinnert an den deutschen Dichterfürsten. Am Platz vor dem Goldenen Dachl (26), dem unumstrittenen Herzen der Altstadt, macht die Straße am **Helblinghaus** mit seiner prächtigen Barockfassade einen Knick. Links stehen das Alte Rathaus und der **Stadtturm,** von dessen **Aussichtsplattform** man einen herrlichen Ausblick genießt. Der Turm ist Zeichen für 500 Jahre Innsbrucker Bürgerstolz. Sein markantes Aussehen macht ihn zu einem unverwechselbaren Wahrzeichen der Altstadt.

Rund um den **Mundingplatz** verirren sich etwas weniger Touristen, obwohl er zu den bezaubernden Flecken der Stadt gehört. Die wichtigsten Gässchen sind die Schlosser-, die Seiler- und die Kiebachgasse. An der Kreuzung Kiebachgasse/Seilergasse liegt das sogenannte **Vier Viecher Eck** – deutlich erkennbar an den historischen Wirtshausschildern „Roter Adler", „Goldener Löwe", „Goldener Hirsch" und „Weißes Rössl". Der Mundingplatz selbst ist nach dem alteingesessenen **Café Munding** benannt – über dem Gebäude prangt das Wandgemälde des riesenhaften hl. Christophorus, der das Jesuskind trägt.

Mindestens zwei Gotteshäusern sollte man in der Altstadt einen Besuch abstatten: Neben der Hofkirche (28) ist dies zweifellos der **Dom Sankt Jakob** aus dem 18. Jh., ein Meisterwerk des Spätbarocks. Die

Die bunten Fassaden von Mariahilf gegenüber der Innsbrucker Altstadt

Deckengemälde und Stuckaturen stammen von zwei Wunderknaben des Münchner Rokoko: den Gebrüdern Asam. Der Gemäldezyklus zeigt Szenen aus dem Leben des hl. Jakobus, des Schutzpatrons der Pilger und Reisenden. Bereits vor dem Kirchenneubau genoss das **Gnadenbild Mariahilf** von **Lucas Cranach d. Ä.** (1537) als Wallfahrtsziel große Verehrung. Es fand als Geschenk an Leopold V. seinen Weg von Dresden über Passau bis nach Innsbruck. Die jugendlich-natürliche Maria mit dem zärtlich an die Wange gehaltenen Jesuskind rührt bis heute die Besucher des Doms. Kaum ein Marienbild wurde im alpenländischen Raum häufiger kopiert und vervielfältigt. Etwas weniger Aufmerksamkeit erfährt das monumentale **Grabdenkmal von Erzherzog Maximilian III.**, dem Deutschmeister. Der Ordensritter, der um 1600 maßgeblich die Geschicke Österreichs lenkte, wird vom hl. Georg beschützt dargestellt. Auch die vergoldete Kanzel zählt zu den Prunkstücken.

★55 [S. 144] **Stadtturm**, Herzog-Friedrich-Str. 21, Tel. 0512 587113, geöffnet: tägl. 10–17 Uhr, im Sommer und Advent auch länger, Turmbesteigung: 4,50 €

26 Goldenes Dachl ★★★ [S. 144]

Das Goldene Dachl ist zweifellos Innsbrucks **berühmteste und meist fotografierte Sehenswürdigkeit.** Ob sie auch die bedeutendste Sehenswürdigkeit ist, darüber ließe sich streiten. Auf jeden Fall bildet das Goldene Dachl quasi den glänzenden Abschluss der bedeutenden Innenstadt-Achse aus Maria-Theresien- und Herzog-Friedrich-Straße im „guten Stübchen“ der Altstadt. Mit dem Gebäude und dem 1500 vollendeten und mit 2657 feuervergoldeten Kupferschindeln bedeckten **Prunkerker** hat sich Kaiser **Maximilian I.** – neben seinem Kenotaph in der Hofkirche 28 – in Innsbruck ein Denkmal gesetzt. Unter dem Dachl erkennt man ein elegantes spätgotisches Netzrippengewölbe. Unterhalb der Balkonbrüstung sind Reliefs zu sehen. Eines davon zeigt den Monarchen gemeinsam mit seinen beiden Ehefrauen – Maria von Burgund (rechts) und Bianca Maria Sforza.

Wer dem Innsbrucker Luxusbalkon ganz nahekommen möchte, sollte das **Goldene Dachl Museum** besuchen. Durch ein Fenster kann man einen Blick auf das Kunstwerk erhaschen und genießt zugleich annähernd die Aussicht des berühmten Monarchen, der von hier oben Ritterturniere und andere Festivitäten

024mt-se

Mittelalterliches Wahrzeichen der Stadt: das Goldene Dachl

verfolgte. Es war die große Zeit der Hofnarren: Die Fresken zeigen dementsprechend Szenen von einem höfischen Fasnachtfest. Im Schauraum des Museums befinden sich einige spannende Exponate aus dem Leben Maximilians, darunter ein weiteres Relief des Herrschers mit seinen beiden Gemahlinnen. Bevor man sich den Ausstellungsstücken widmet, sollte man sich den unterhaltsamen, rund 15-minütigen Film über Maximilian und seine Zeit ansehen. Für Kinder gibt es im Museum eine Spielecke.

› **Goldenes Dachl Museum,** Herzog-Friedrich-Str. 15, 2. OG, Tel. 0512 53601441, geöffnet: Mai–Sept. tägl. 10–17 Uhr, Okt.–Apr. Di.–So. 10–17 Uhr, Nov. geschlossen, Eintritt: 5,30 €, erm. 2,80 €, Familien 12,50 €, auch Kombitickets u. a. mit dem Stadtturm (s. S. 63)

Deckenfresko des Riesensaals in der Innsbrucker Hofburg

27 Kaiserliche Hofburg ★★ [S. 144]

Die Hofburg gehört neben ihrem Pendant in Wien und dem dortigen Schloss Schönbrunn zu den bedeutendsten Zeugnissen der Habsburger Donaumonarchie. Für die beeindruckenden Kunstschätze sollte man sich schon ein paar Stunden Zeit nehmen.

Schnell wird Besuchern klar, wessen Geist bis heute durch die Prunksäle der Hofburg weht: Das Erbe von Kaiserin **Maria Theresia** (1717–1780) wird hier bewahrt – eine der bedeutendsten Herrscherinnen des europäischen Abendlandes und langjährige Hausherrin der kaiserlichen Residenz. Porträts ihrer Familie prägen besonders den **Riesensaal**, das Prachtstück der Hofburg. Der Name Riesensaal stammt noch aus den Zeiten Kaiser Maximilians I., der hier die Legende des Herkules darstellen ließ. Maria Theresia ließ den Saal komplett umgestalten und widmete ihn ihrer großen Familie. Neben ihrem Gatten, Kaiser **Franz Stephan**, stehen die erwachsenen Kinder, allen voran der Thronfolger Joseph II., im Mittelpunkt. Einen besonderen Platz fanden aber auch drei verstorbene Kleinkinder, die engelsgleich auf einer Wolkenlandschaft schwebend dargestellt sind. Bis heute stellt das vierte Kindergesicht, das in himmlischen Sphären nur noch verschwommen zu erkennen ist, Kunsthistoriker vor ein Rätsel.

Im Riesensaal sollte man seinen Blick unbedingt auf die Decke bzw. auf die Bodenspiegel richten: Die **farbintensiven Fresken** des Hofmalers Anton Maulpertsch wurden sorgfältig instand gesetzt und strahlen wieder wie in Zeiten des Rokoko. Das **Hauptfresko** stellt die feierliche Vereinigung des Hauses Lothringen mit dem Hause Habsburg dar, die Nebenfresken nehmen Bezug auf die Bewohner und die Schätze Tirols. Auf einem davon erkennt man den Inn, dargestellt als bärtiger älterer Mann, sowie seinen Zufluss, die Sill, in erotischer Manier als junges Mädchen dargestellt. Noch heute spiegelt der Saal die Lebensfreude seiner illustren adeligen Besucher.

Diese Freude wurde jedoch im Jahr 1765 jäh unterbrochen: Kurz nach den Hochzeitsfeierlichkeiten ihres Sohnes Leopold verstarb Maria Theresias geliebter Mann Franz Stephan, vermutlich an einem Herzinfarkt. „Geliebter Mann“ muss in diesem Fall besonders betont werden, da es sich tatsächlich um eine der wenigen Liebesheiraten der Habsburger Monarchie gehandelt hat. Ihre Trauer drückte die Witwe in der **Umgestaltung des Sterbezimmers** zu einer **Kapelle** aus, die ein weiteres Glanzstück in der Hofburg darstellt. Der Raum ist mit Marmor und Alabaster ausgestattet und wird im Altarbereich von einer ausdrucksstarken Pieta dominiert, die von zwei trauernden Frauenfiguren flankiert wird.

Daneben verdienen auch der **Gardesaal** und die **Lothringer-Zimmer** besondere Aufmerksamkeit, ebenso das in späteren Jahren für Kaiserin Elisabeth (Sisi) luxuriös ausgestattete **Innere Appartement.** Zur Hofburg gehörte im ausgehenden Mittelalter auch ein eindrucksvoller **Wappenturm** Kaiser Maximilians I. Der Turm wurde auf einem Gemälde aus dem 18. Jh. verewigt, das in einem kleinen Raum der Residenz – mit Fensterblick auf Hofgasse und Goldenes Dachl 26 – ausgestellt ist. 2019 jährte sich der Todestag Maximilians I. zum 500. Mal. Dieses Jubiläum nahm man zum Anlass, eine Dauerausstellung zum Thema **„Maximilian I. – Aufbruch in die Neuzeit“** zu konzipieren, die seither hier zu sehen ist. Darin werden nicht nur die Persönlichkeit des Kaisers, das Ehe- und Hofleben sowie lebensprägende Einflüsse beleuchtet, sondern auch Themen mit europäischer und globaler Dimension.

Nach dem Museumsbesuch ein wenig an die frische Luft? Hier bietet sich der gegenüber der Hofburg gelegene **Hofgarten** an. Besonders im Frühling herrscht hier eine wahre Blütenpracht.

› Rennweg 1, Eingang Hofgasse, Tel. 0512 58718619, www.hofburg-innsbruck.at, geöffnet: tägl. 9–17 Uhr, Eintritt: Ausstellung Maximilian I. 7,50 €, erm. 5 €, Kinder und Jugendl. bis 19 Jahre frei, Kaiserappartements 9,50 €, erm. 7 €, Kombiticket 15 €, erm. 10 €, Hofgarten frei

28 Hofkirche und Silberne Kapelle ★★★ [S. 144]

Kirche und Museum, Totenkult und Theaterkulisse, Vergänglichkeit und unvergängliche Kunst: Die Hofkirche ist einzigartig. Sie beherbergt einen Sarkophag, der leer ist und dennoch Tag und Nacht von schwarzen Riesengestalten bewacht wird. Ein Stockwerk höher ist die Silberkapelle ebenfalls ein Kunstwerk ersten Ranges.

Dem „Letzten Ritter“ des ausgehenden Mittelalters hat Innsbruck dieses im Alpenraum einmalige Gesamtkunstwerk zu verdanken: **Maximilian I.** (1459–1519), Erzherzog von Österreich und Kaiser des Heiligen Römischen Reiches am Übergang vom Mittelalter zur Renaissance, hatte die Stadt zu seiner Wahlheimat erkoren und hinterließ nach seinem Tod nicht nur einen Berg von Schulden, sondern auch eines der bedeutendsten Grabdenkmäler überhaupt.

Gebaut wurde es zwar erst 1553 bis 1563 durch seinen Enkelsohn **Ferdinand I.**, also etliche Jahre nach Maximilians Tod im Jahre 1519, und vollendet von seinem Urenkel **Ferdinand II.**, Teile des Erinnerungsorts wurden aber bereits von Maximilian in Auftrag gegeben.

Dazu zählen vor allem die überlebensgroßen Bronzefiguren, die im Volksmund **Schwarzmander** (schwarze Männer) genannt werden, obwohl sich unter ihnen auch etliche Frauen befinden. Ursprünglich waren die gewaltigen Statuen für die Sankt-Georgs-Kapelle in der Burg der Wiener Neustadt geplant, wo sich das eigentliche Grab des Herrschers befindet. Doch die Herrschaften erwiesen sich für den Transport als zu schwer, weshalb Ferdinand in Innsbruck die Hofkirche mit einem **Leergrab (Kenotaph)** des Großvaters errichten ließ.

053mt-se

Der Kaiser selbst ist auf dem gewaltigen Marmorsarg als in Richtung Altar kniende Figur dargestellt. Umspannt ist das Kenotaph von einem kunstvoll gearbeiteten Schmiedegitter. Die schwarzen Gestalten, 28 an der Zahl, dienen quasi als Geleitschutz ins Reich der Toten und als heroische Vertreter des christlichen Abendlandes. Dargestellt sind Mitglieder der Familie und anderer europäischer Fürstenhäuser sowie legendäre Herrscher des frühen Mittelalters wie der britische König Artus, der Merowinger Chlodwig I., der heiliggesprochene Babenberger Leopold III. oder der Ostgotenkönig Theoderich.

Ferdinand II., der für die Fertigstellung des Gesamtkunstwerks verantwortlich war, ließ auch die **Silberne Kapelle** im oberen Stockwerk als Grabkapelle für seine Gemahlin **Philippine Welser** (s. S. 73) anfertigen. Benannt ist das reich mit Puttenköpfen (von denen allerdings nur noch einige erhalten sind) ausgeschmückte Kleinod nach dem Silberaltar mit der Madonna.

Die Hofkirche beherbergt außerdem die sterblichen Überreste des Tiroler Freiheitskämpfers **Andreas Hofer** (1767–1810) und einiger seiner Mitstreiter sowie die berühmte **Ebert-Orgel**, ihres Zeichens die größte, fast komplett erhaltene Renaissanceorgel Österreichs.

› Universitätsstr. 2, Tel. 0512 59489510, www.tiroler-landesmuseen.at, geöffnet: Mo.–Sa. 9–17 Uhr, So. und feiertags 12.30–17 Uhr, Eintritt: 8 €, erm. 6 €, Kinder und Jugendliche bis 19 Jahre frei, diverse Kombitickets, u. a. mit Bergisel 32 15 €

Die Innsbrucker Hofkirche 28 mit dem Kenotaph Kaiser Maximilians I.

29 Alpenzoo Innsbruck ★ [J6]

Europas höchstgelegenen Tierpark sollte man sich nicht entgehen lassen. Die sehenswerte Anlage unterhalb der Hungerburg 30 wird von Alpentieren bewohnt, denen man sonst selten so nahe kommt. Gleich hinter dem Eingang werden Besucher von Fischottern, einem Kolkrabenpaar und Mönchsgeiern begrüßt. Letztere waren schon ausgerottet, konnten jedoch in den Alpen wieder erfolgreich angesiedelt werden. Etwas unterhalb ist das **Bärengehege** eine der Hauptattraktionen. Wo der Bär zu Hause ist, darf auch der **Wolf** nicht fehlen. Etwas menschenscheu sind die edlen Räuber zwar, doch wer sich etwas Zeit nimmt, wird den einen oder anderen vorbeihuschen sehen. Generell werden einem die Tiere hier nicht auf dem Präsentierteller serviert. Man muss sich teilweise etwas gedulden und genauer hinschauen, bis man den jeweiligen Gehegebewohner entdeckt – so auch bei den **Luchsen**, die oft gut getarnt in den Bäumen zu finden sind. Den gewaltigen **Uhu** kann man heimlich durch Spalten in einer Bretterwand beobachten, wobei man sich nie ganz sicher sein kann, ob einen die Eule mit ihrem durchdringenden Blick nicht selbst schon längst erkannt hat. Spannend ist auch der Besuch des **Steinadlergeheges**, das den König der Alpen beherbergt. Weiter den Berg hinaufsteigend, kommt man schließlich zu **Elch** und **Steinbock** (seit 2018 Zoo-Maskottchen).

Neben Säugetieren und Vögeln kann man im Alpenzoo auch Frösche, Lurche, Schlangen und in einem großen Aquarium Fische beobachten. Bei **Kindern** kommt besonders der **Haustier-Schaustall** mit den kleinen Schafen und Ziegen gut an. Für Speis und Trank ist gesorgt.

› **Anfahrt:** mit der Hungerburgbahn von der Haltestelle Congress im Zentrum zur Station Alpenzoo oder mit der Buslinie W (ab Marktplatz)

› Weiherburggasse 37, Tel. 0512 292323, www.alpenzoo.at, geöffnet: Apr.–Okt. 9–18 Uhr, Nov.–März 9–17 Uhr, Eintritt: 13 €, erm. 10 €/6 €, Kinder 6–15 Jahre 6,50 €, Kinder 4–5 Jahre 2,50 €, Kombiticket mit Hungerburgbahn 17 € (14,50 €/9 €/2,50 €), keine Hunde gestattet

30 Hungerburg und Nordkette ★★ [J5]

Eine echte Burg steht hier oben nicht. Den Namen erhielt der **Ortsteil**, auch Hoch-Innsbruck genannt, von einer Jausenstation (Ausflugslokal), deren Portionen angeblich recht karg ausfielen und mehr Hunger als Sättigung erzeugt haben sollen. Am „Balkon Innsbrucks“ befindet sich die **Bergstation** der vom Zentrum aus fahrenden **Hungerburgbahn** und somit steht auch hier eines der futuristischen, flügelartigen Stationsgebäude der britisch-irakischen Stararchitektin **Zaha Hadid** (1950–2016).

Wenige Meter entfernt von der Beton-Aussichtsterrasse befindet sich die Talstation der **Nordketten-Kabinenseilbahn.** Wer ein paar Minuten auf die nächste Bergfahrt warten muss, sollte einen Blick in das kleine **Seilbahnmuseum** werfen. Es gibt Einblick in die Geschichte der Nordkettenbahnen von deren Anfängen in den 1930er-Jahren bis heute. Das erste große Teilstück der Strecke führt zur stark frequentierten **Seegrube** (1905 m) mit Restaurants und großer Sonnenterrasse. Auf sein Essen sollte man ein bisschen aufpassen: Die frechen Bergdohlen hüpfen auch schon mal auf die Tische und klauen die Leckerbissen vom Teller.

054mt-se

Von der Seegrube genießt man einen fantastischen Blick auf die Stadt und die Bergwelt der Umgebung. Wer noch höher hinaus will, fährt mit der zweiten Kabinenseilbahn zum **Hafelekar** (2256 m) mit kleinem Restaurant. Hier sind die Felsgipfel des Karwendelgebirges zum Greifen nahe und die Hafelekarspitze erreicht man in circa 15 Min. Gehzeit. Die beleuchteten Stationen der Seilbahnen sieht man übrigens nachts gut von der Innsbrucker Innenstadt aus.

Wieder an der Talstation Hungerburg angekommen, verlassen viele Besucher den Ortsteil schnell wieder, ohne einer besonderen Sehenswürdigkeit einen Besuch abgestattet zu haben: der **Theresienkirche**, die in drei Minuten zu Fuß erreichbar ist. Sie besitzt einen farbenprächtigen Freskenzyklus des Tiroler Künstlers Max Weiler, einem bedeutenden Tiroler Künstler der Nachkriegszeit.

Die Hungerburgbahn und die beiden Kabinenseilbahnen werden als **Innsbrucker Nordkettenbahnen** vermarktet. Die meisten Touristen befahren die gesamte Strecke bis zum Hafelekar. Man kann aber auch nur die Hungerburgbahn oder einen Streckenabschnitt der Kabinenseilbahn nutzen.

•56 **Talstation Innsbrucker Nordkettenbahnen,** Höhenstr. 145, Tel. 0512 293344, https://nordkette.com, geöffnet: **Hungerburgbahn** Mo.–Fr. 7.15–19.15, Sa./So. 8–19.15 Uhr (ganzjährig), **Seegrubenbahn** tägl. 8.30–18.30, Winter bis 17.30 Uhr, **Hafelekarbahn** tägl. 9–18, Winter bis 17 Uhr, Preis: Innsbruck (Congress) – Hungerburgbahn – Hafelekar (Hin- und Rückfahrt) 40 €, Senioren/Studenten 36 €, Jugendliche 32 €, Kinder 24 €. Die Kosten für Teilstrecken variieren.

31 Stift und Basilika Wilten ★ [J6]

Das **Prämonstratenser-Chorherrenstift Wilten** befindet sich auf geschichtsträchtigem Boden: Abgesehen davon, dass die Gegend am Bergisel 32 bereits vor ca. 3000 Jahren in der **Urnenfelderzeit** besiedelt war, ist auf dem Areal das **Kastell Veldidena** samt zugehöriger Römersiedlung nachgewiesen. Und als wären dies nicht schon genug Gründe, um Wilten als bedeutendes prähistorisches und antikes Zentrum auf Innsbrucker Stadtgebiet zu betrachten, hat auch noch der Kampf zweier Riesen der frühmittelalterlichen Klostergründung einen sagenhaften **Entstehungsmythos** beschert.

⌃ *Hoch über den Dächern Innsbrucks: Fahrt mit der Hungerburgbahn*

› *Blick vom Bergisel 32 auf Stift Wilten (rechts) und Basilika Wilten (links)*

Der **Riese Haymon** war wohl aus Bayern kommend gen Innsbruck gezogen und traf dort auf den bei Seefeld 40 ansässigen **Riesen Tyrsus,** was unter den Giganten natürlich zu einer handfesten Auseinandersetzung führen musste. Obwohl er sogar einen Kopf größer war als sein Widersacher, zog Tyrsus dabei den Kürzeren und wurde von dem Eindringling durch einen Schwerthieb so schwer an der Ferse verletzt, dass er seiner Verwundung erlag. Das Riesenblut verwandelte sich laut der Überlieferung in das bis heute in der Volksmedizin verwendete **Tiroler Steinöl** (s. S. 123), das seit dem Mittelalter aus Ölschiefergestein gewonnen wird.

Zwar hat man über Jahrhunderte an die historische Existenz der beiden Giganten geglaubt und sogar nach Haymons Knochen gegraben, belegt ist die Gründung von Stift Wilten jedoch erst im Jahr 1138 durch **Bischof Reginbert von Brixen,** der auch den **Prämonstratenserorden** ins Inntal holte. Zur Blüte gelangte das Stift im 17. und 18. Jh., was sich auch in der pompösen barocken Ausstattung der **Stiftskirche** manifestiert.

Äußerlich ist sie bereits von Weitem an ihrem charakteristischen, 58 m hohen **Turm** erkennbar. Er ist berühmt für das Stiftsgeläute der elf Glocken aus der benachbarten Gießerei Grassmayr, deren schwerstes Exemplar, die Auferstehungsglocke, über vier Tonnen auf die Waage bringt. Im Kircheninneren gelangen Besucher in der Regel nur bis in die **Vorhalle.** Durch das Vorhallengitter – ein Paradebeispiel barocker Schmiedekunst, 1707 vom Schlossermeister Adam Nager verwirklicht – hat man dennoch einen schönen Blick ins Kirchenschiff mit seinen Fresken und Stuckaturen sowie auf den Hochaltar. Ausführliche **Besichtigungen** der Kirche und der Anlage samt Bibliothek und Museum sind nach **Voranmeldung** möglich.

Musikalischen Weltruhm haben die **Wiltener Sängerknaben** erworben.

Die **Basilika Wilten** gleich gegenüber ist auf den ersten Blick an ihren zwei Kirchtürmen zu erkennen. Bereits in römisch-frühchristlicher Zeit soll der Platz der Muttergottesverehrung gedient haben und Ausgrabungen haben tatsächlich einen christli-

025mt-se

chen Bau von um 420 n. Chr. nachgewiesen. Die Basilika präsentiert sich seit dem 18. Jh. als **Juwel des Rokoko.** „Unsere liebe Frau unter den vier Säulen" lautet die korrekte Bezeichnung der Pfarrkirche. Der Name bezieht sich auf einen 1609 entstandenen, auf vier Steinsäulen ruhenden Baldachin, der im Strahlenkranz das **gotische Gnadenbild** aus dem Jahr 1320 beherbergt. Alles ist auf diese anmutig und liebevoll wirkende Statue aus Sandstein am Hochaltar hin ausgerichtet. Leider ist das Kirchenschiff nicht immer zugänglich und so bleibt die in zarten Pastell- und Goldfarben gehaltene Pracht auf den Blick durch das Vorhallengitter beschränkt. Ihre heutige Gestalt erhielt die Wallfahrtskirche zwischen 1751 und 1755 unter der Aufsicht des Architekten und Priesters **Franz de Paula Penz.** Seit dem Mittelalter ist die Marienverehrung bezeugt und bis heute genießt das Gotteshaus eine große spirituelle Verehrung, was auch den Päpsten in Rom nicht verborgen geblieben ist: 1957 wurde die Pfarrkirche durch Pius XII. zur päpstlichen **Basilica minor** erhoben. Johannes Paul II. besuchte das Gnadenbild 1988, woran eine Gedenktafel in der Kerzenkapelle links vom Eingang erinnert. Außen über dem Portal ziert das Wappen des bayerischen Papstes Benedikt XVI. die Fassade.

› **Stift Wilten,** Klostergasse 7, Straßenbahnlinie 1 bis Endstation Bergisel 32 / Tirol Panorama, Tel. 0512 583048, https://stift-wilten.at, Führungen online buchbar

MEIN TIPP

Mitbringsel aus dem Klosterladen

Im **Klosterladen des Stifts Wilten** 31 bekommt man nicht nur eine Vielzahl an kulturhistorischen Büchern, Kirchenführern und sonstigen Infomaterialien, sondern er ist auch ein kleiner **Feinschmeckerladen** mit ausgewählten Produkten. Wer das eine oder andere authentische Schmankerl mit nach Hause bringen will, ist hier richtig. Neben Produkten aus befreundeten Klöstern ist der Laden auf Leckereien aus dem eigenen Klostergarten spezialisiert. Einen Namen hat man sich mit biologisch produzierten **Schnäpsen und Likören** gemacht. Das Obst stammt aus den heimischen Obstgärten. Daneben gibt es **Weine,** selbst gemachte **Schokolade** und viele weitere himmlische Genüsse.

› **Klosterladen Stift Wilten** ✿, geöffnet: Mo.–Fr. 8–12 u. 14–18, Sa. 8–12 Uhr

32 Bergisel ★★ [J6]

Gleich in dreifacher Hinsicht ist die 746 m messende Anhöhe über Wilten von besonderer Bedeutung für das Tiroler Selbstbewusstsein: Aufgrund des Museumskomplexes Tirol Panorama mit dem Kaiserjägermuseum, wegen der weithin sichtbaren Skisprungschanze der Stararchitektin Zaha Hadid und nicht zuletzt in Erinnerung an die Schlacht am Bergisel im Jahr 1809.

Eigentlich waren es gleich vier Schlachten im April, Mai, August und November, die im Rahmen des **Tiroler Volksaufstands** gegen die bayerisch-napoleonischen Truppen in die Tiroler Landesgeschichte eingegangen sind. Als Napoleon Bonaparte Anfang des 19. Jh. große Teile Europas mit Krieg überzog, fiel Tirol 1805 an die Bayern. 1809 kam es schließlich zum Aufstand gegen die verhassten bayerischen und französischen Besatzer und dieser verlief zumindest in der Schlacht von Sterzing und in den ers-

055mt-se

ten drei Schlachten am Bergisel erfolgreich, sodass die Tiroler Schützen sich unter ihren **Anführern Andreas Hofer, Martin Teimer, Josef Speckbacher und Peter Mayr** vorübergehend vom Joch ihrer Feinde befreien konnten. In der vierten Bergisel-Schlacht mussten sich die Freiheitskämpfer jedoch der bayerischen Übermacht beugen. Hofer floh auf eine Alm, wurde jedoch verraten und in Ketten nach Mantua verbracht, wo man ihn auf Geheiß Napoleons am 20. Februar 1810 erschießen ließ. Eine Gedächtnisstätte für den Tiroler Volkshelden befindet sich in der Innsbrucker Hofkirche 28.

Dominiert wird die Erinnerungslandschaft auf dem Bergisel-Plateau vom kolossalen bronzenen **Denkmal für Andreas Hofer,** der grimmig entschlossen und von Adlern flankiert auch zukünftigen Feinden Tirols entgegenzutreten scheint.

Futuristisches Wahrzeichen: die Skisprungschanze am Bergisel

Gründlich aufgearbeitet wird die lokale Geschichte im **Tirol Panorama mit dem Kaiserjägermuseum.** Für den Museumskomplex wurde das bestehende Kaiserjägermuseum um einen großzügigen Anbau erweitert. So entstand eines der modernsten Museen Tirols, das sich durch seine Architektur und zeitgemäße Erinnerungskultur bewusst vom etwas angestaubten Image der Bergisel-Erinnerungslandschaft abheben möchte. Im Tirol Panorama fand unter anderem eines der symbolträchtigsten historischen Exponate Tirols seinen Platz: das **Riesenrundgemälde von Michael Zeno Diemer** aus dem Jahr 1896, das auf einer 1000 m² großen Leinwand eine Rundsicht auf die dritte Bergisel-Schlacht im August 1809 zeigt. Auf insgesamt 27 Leinwandbahnen von 10,7 m Höhe verewigten Diemer und seine Mitarbeiter nicht nur die Kämpfe der Mannen rund um Andreas Hofer, sondern auch das historische Innsbruck. Das restaurierte Mammutgemälde wurde nach modernen museumstechnischen Maßstäben am Bergisel wirkungsvoll in Szene gesetzt – inklusive zentraler Besucherplattform, ausgeklügelter Lichttechnik und einem sogenannten *faux terrain,* einer künstlichen Landschaft zwischen Bild und Betrachter.

Eine **Dauerausstellung** unter dem Titel **„Schauplatz Tirol"** beleuchtet einzelne Aspekte der Tiroler Geschichte. Religion, Mensch, Politik und Natur sind die Schlagworte, unter denen Tirol und die Tiroler dort subsumiert werden. Das „Heilige Land Tirol" mit Frömmigkeit, Aberglaube und der Bedeutung des Glaubens in Alltag und Politik wird hier ebenso behandelt wie das „Land im Gebirge", also die Bedeutung der Berge, ihre identitätsstiftende Kraft und die Auseinandersetzung mit der Natur. Man kann sich über „echte" und „falsche" Tiroler informieren und amüsieren, denn hier steht das Fremd- und Selbstbild der Tiroler im Zentrum.

Ein „Museum im Museum" stellt das **Kaiserjägermuseum** im Gesamtkonzept des Tirol Panorama dar. Mit der Dokumentation der Militärgeschichte Tirols vom 18. bis ins 20. Jh. knüpft die historische Sammlung des Museums direkt an die Darstellung des Dramas am Bergisel an.

Seit 1927 finden am Bergisel Skisprungveranstaltungen statt – damals noch auf einer spartanischen Naturschanze. Die erste **Vierschanzentournee** auf einer neu errichteten Anlage ging 1952 über die Bühne. Seither stürzen sich die todesmutigen Athleten jährlich am 3. Januar über den Schanzentisch, stets den unterhalb gelegenen Friedhof Wilten, letztendlich aber wohl eher einen neuen Schanzenrekord im Visier. Im Rahmen der Olympischen Winterspiele 1964 und 1976 kam es zu großangelegten Um- und Ausbaumaßnahmen – die olympischen Ringe sind bis heute zu bewundern –, ehe man sich seitens des Österreichischen Skiverbandes (ÖSV) um die Jahrtausendwende für einen kompletten Neubau entschied. Seit 2002 steht auf dem Bergisel als weithin sichtbares Wahrzeichen Innsbrucks die futuristisch anmutende **Skisprungschanze**, konzipiert von **Zaha Hadid** (s. S. 67). Das Bauwerk gewann den österreichischen Staatspreis für Architektur, wobei vor allem die harmonisch-funktionale Verbindung einer Sportstätte mit einem **Turmrestaurant** und einer **Aussichtsplattform** gelobt wurde.

Man erreicht den Turm entweder bequem über eine kleine **Bergbahn** und einen **Aufzug** oder sportlich über **455 Stufen.** Von hier oben genießt man bei schönem Wetter einen einmaligen Panoramablick.

- **Anfahrt:** Straßenbahnlinie 1 bis Bergisel/Tirol Panorama und danach 15 Min. Fußweg
- **Tirol Panorama,** Bergisel 1–2, Tel. 0512 59489611, www.tiroler-landesmuseen.at, geöffnet: Mi.–Mo. 9–17 Uhr (Sonderöffnungszeiten s. Website), Eintritt: 9 €, erm. 7 €, Kinder und Jugendliche bis 19 Jahre frei, diverse Kombitickets
- **Bergiselstadion/Skisprungschanze,** Bergiselweg 3, Tel. 0512 589259, Tel. 0512 58925930 (Restaurant), www.bergisel.info, geöffnet: Jun.–Okt. tägl. 9–18 Uhr, Nov.–Mai Mi.–Mo. 9–17 Uhr, Eintritt: Erw. 11 €, Kinder bis 14 Jahre 6 €, Familienticket 22 €, Kombiticket mit Tirol Panorama 15 €, Familien-Kombiticket 30 €

Prachtwerk der Renaissance: der Spanische Saal im Schloss Ambras

33 Schloss Ambras ★★★ [J6]

Wunderbar ist nicht nur die Wunderkammer: Das Renaissanceschloss Ambras, idyllisch auf einem Höhenrücken im Innsbrucker Südosten gelegen, ist eine spannende Schatztruhe für Alt und Jung, für Kunstliebhaber und Romantiker. Für diese Attraktion sollte man sich ein wenig Zeit nehmen, denn sie ist hervorragend investiert.

Romantisch ist schon die Entstehungsgeschichte des Schlosses: Der Tiroler **Erzherzog Ferdinand II.** (1529–1595) verliebte sich in die reiche Augsburger Bürgerstochter **Philippine Welser** (1527–1580) und heiratete sie trotz aller Widerstände. Die nicht standesgemäße Verbindung musste lange Jahre geheim gehalten werden, weshalb der Erzherzog auf den Resten einer mittelalterlichen Festung des Adelsgeschlechts der Andechser Schloss Ambras als **abgeschiedenes Liebesnest** und gleichzeitig als Museum für seine kostbaren Sammlungen errichten ließ.

Der verborgene Ort konnte seine Schätze bis heute konservieren. Die erhaltene **Kunst- und Wunderkammer** ist ein einzigartiges Kaleidoskop des Wissens und des Kunstgeschmacks im 16. Jh., am Übergang vom Mittelalter zur Neuzeit. Besonderen Wert legte Ferdinand auf Kurioses, Skurriles und Wunderliches: So finden sich zum Beispiel ein von einem Eichenstamm komplett umwachsenes Hirschgeweih, präparierte, von der Decke hängende Haifische oder das Porträt von Hofzwerg Thomele und Riese Anton Frank, die beide am Hofe gewirkt haben sollen – der Riese mit einer überlieferten Körpergröße von 2,40 m. Außerdem sind geniale Arbeiten des europäischen Kunsthandwerks zu bewundern, etwa ein aus einem einzigen Birnbaumholz filigran geschnitztes Skelett, ein sogenanntes **Tödlein**, oder kostbar verzierte Trinkgefäße. Auch historische Vorlagen zu Bram Stokers „Dracula" und „Die Schöne und das Biest" finden sich auf Ambras: eine Darstellung des rumänischen Fürsten Vlad Zepesch und das Gemälde eines komplett behaarten Mannes namens **Petrus Gonsalvus.** Auch dessen Geschichte ist voller Romantik: Der an einem genetischen Defekt leidende

026mt-se

Mann aus Teneriffa wurde im 16. Jh. für einen sprechenden Affen gehalten und mit Catherine, Tochter eines Hofbediensteten, zwangsverheiratet. Die junge Frau entdeckte hinter der Fassade des vermeintlichen Monsters jedoch den Menschen in Petrus, verliebte sich in ihn und schenkte ihm mehrere Kinder – einige davon ebenfalls behaart, andere ohne das sogenannte **Ambras-Syndrom.** Aus dieser Liaison entwickelte sich der Stoff für „Die Schöne und das Biest".

Die **Rüstkammern** mit ihren prächtig glänzenden Rüstungen entführen in die Welt der Ritter. Das Hochschloss besitzt neben einer **Habsburger Porträtgalerie,** der neoromanischen Nikolauskapelle, einer gotischen Skulpturensammlung und einer Glassammlung mit dem **Spanischen Saal** einen der bedeutendsten Säle der Renaissance. Besonders die Holzdecke ist eine handwerkliche Spitzenleistung ihrer Zeit. Erhalten ist ferner das berühmte **Bad der Philippine Welser,** eine „Wellnessoase des 16. Jh." mit Schwitzbad, Badewanne und einem mit Fresken verzierten Ruheraum. Kürzlich fand man sogar heraus, dass das Bad mit Kalt- und Warmwasserleitungen gespeist wurde. Philippine Welser galt zudem als hervorragende Köchin und hinterließ ein Kochbuch mit kalorienreichen Rezepten. Daneben beschäftigte sie sich mit Kräuterkunde – ein **Kräutergarten** existiert auch heute noch.

Besucher können im zauberhaften **Schlosspark** lustwandeln und einen Blick in die **Bacchusgrotte** werfen, die schon den Festgesellschaften Ferdinands als „Partyraum" diente. Wer die Möglichkeit hat, sollte an einer der regelmäßig stattfindenden **Führungen** teilnehmen, die sehr spannend, lehrreich und unterhaltsam sind.

› **Anfahrt:** Postbus-Linie 4134 vom Hbf. bis Station Schloss Ambras oder ab Bergisel 32 /Tirol Panorama mit der Straßenbahnlinie 6 (nur zu bestimmten Zeiten) zur Haltestelle Tummelplatz und danach 5 Min. zu Fuß (alternativ Buslinie C, Haltestelle Luigenstr., oder Straßenbahnlinie 3, Haltestelle Philippine-Welser-Str., jeweils ca. 15 Min. Anstieg)
› Schlossstr. 20, Tel. 0512 244802, www.schlossambras-innsbruck.at, geöffnet: tägl. 10–17 Uhr, Nov. geschlossen, Eintritt: April–Okt. 16 €, erm. 12 €, Dez.–März 12 €/9 €. Die Habsburger Porträtgalerie und die Sammlung gotischer Skulpturen sind nur April–Okt. zugänglich.

34 Igls und Patscherkofel ★ [J6]

Das zur Stadt Innsbruck gehörende **Dorf Igls** hat besonders während der Olympischen Winterspiele weltweite Bekanntheit erlangt. Hier fand die Patscherkofel-Skiabfahrt statt und hier befindet sich bis heute die **Olympia-Bobbahn.** Mutige können im Winter nach Anmeldung sogar eine rasante **Fahrt durch den Eiskanal** unternehmen (s. S. 76).

Der quirlige Touristenort ist Ausgangspunkt der **Patscherkofelbahn,** die mit einem Zwischenhalt an der **Mittelstation** auf Innsbrucks Hausberg fährt. Die ehemalige Oldtimer-Seilbahn stellte – trotz Widerstands von Teilen der Bevölkerung – 2017 ihren Betrieb ein und wurde vor einigen Jahren durch eine moderne Anlage ersetzt.

An der Bergstation beginnt der **Zirbenweg,** ein abwechslungsreicher und beliebter Wanderweg (s. S. 116). Zu Fuß ist nicht mehr allzu weit bis zum **Gipfel des Patscherkofels** (2246 m) mit der markanten ORF-Sendeantenne und großartigem Ausblick in die Stubaier Alpen. Wer

ein bisschen Zeit mitbringt, sollte an der Mittelstation **Heiligwasser** aussteigen und in ca. 15 Min. zur gleichnamigen **Wallfahrtskapelle** mit heilkräftiger Quelle wandern, einem lohnenden Ausflugsziel. Die Kapelle und das dazugehörige Gasthaus wurden umfangreich renoviert.

› **Anfahrt:** mit Buslinie J oder mit der Straßenbahnlinie 6 (Mittelgebirgsbahn, verkehrt nur zu bestimmten Zeiten), von der Endstation ca. 10 Min. zu Fuß bis zur Patscherkofelbahn

•57 **Talstation Patscherkofelbahn,** Römerstr. 81, www.patscherkofelbahn.at, Berg- und Talfahrt: 25,40 €, erm. 23,30 €, Kinder 14 €

Essen und Trinken

58 [S. 144] **Die Wilderin** €€, Seilergasse 5, Tel. 0512 562728, www.diewilderin.at, geöffnet: Di.–So. ab 17 Uhr. Kleines, versteckt in einer Seitengasse der Altstadt gelegenes Lokal, das sich ganz auf einheimische Produkte spezialisiert hat und diese raffiniert zubereitet. Die Speisekarte reicht von Kürbisrisotto bis zu Lasagne aus Haflinger-Pferdehackfleisch. Gute Weine. Reservierung empfohlen.

59 [S. 144] **Gasthof Goldener Adler** €€, Herzog-Friedrich-Str. 6, Tel. 0512 5711110, www.goldeneradler.com/restaurant-innsbruck, geöffnet: tägl. 11–23 Uhr. Gepflegte Gastlichkeit im ältesten Restaurant der Stadt. Mit Hotelbetrieb.

60 **Kulturgasthaus Bierstindl** €€, Klostergasse 6, Tel. 0512 580000, www.bierstindl.eu, Okt.–Apr. Mo. u. Mi.–So. 11–23 Uhr. Großes Gasthaus mit lauschigem Biergarten und regelmäßigen Kulturveranstaltungen am Fuße des Bergisel.

Einkaufstipps

61 [S. 144] **Markthalle**, Herzog-Siegmund-Ufer 1–3, www.markthalle-innsbruck.at, geöffnet: Mo.–Fr. 7–18.30, Sa. 7–13, Gastronomie bis 22 Uhr. Auf einem der größten Bauernmärkte Tirols finden Feinschmecker alles, was das Herz begehrt.

Innsbrucker Hausberg und beliebtes Wanderareal: der Patscherkofel

MEIN TIPP

Mit dem Bob durch den Eiskanal

Nervenkitzel und eine ordentliche Portion Adrenalin gefällig? In **Igls** 34 können Gäste zwischen Dezember und März eine rasante Fahrt mit Bobbahn unternehmen. Beim **Bobrafting** geht es mit einer Geschwindigkeit von 95 km/h durch die 1270 m des Eiskanals – 14 Kurven und ein Kreisel inklusive. Die Fahrt kostet 45 € pro Person (ab 10 Jahren). Wagemutige können ferner mit einem echten **Rennbob** samt Pilot und Bremser vom Herrenstart aus durch den Kanal rasen (ab 14 Jahre und 1,50 m Größe, Preis: 119 € pro Person).

› **Kontakt, Infos und Gutscheine:** Tel. 0512 33838221, www.olympiaworld.at/angebote/gaeste-renn-und-sommerbob-wok-gaesteskeleton

027mt-se

62 [S. 144] **Seifengeschäft Walde,** Innstr. 23, Tel. 0512 285810, www.walde.at, geöffnet: Mo.–Fr. 9–18, Sa. 9–13 Uhr. Eines der ältesten Innsbrucker Familienunternehmen offeriert selbst produzierte Seifen und Kosmetikprodukte.

63 [S. 144] **Tirol geniessen,** Hofgasse 5, Tel. 0512 562932, www.tirol-geniessen.com, geöffnet: Di.–Sa. 12–17 Uhr. Tiroler Schmankerln mit dem Schwerpunkt auf Schnaps- und Likörspezialitäten. Daneben Schokolade, Marmelade, Sirup und vieles mehr.

Infos und Reisetipps

› **www.innsbruck.info:** Internetpräsenz der Stadt mit umfangreichem Service für Touristen, Veranstaltungskalender, Unterkünften und Tipps für Aktivitäten

i 64 [S. 144] **Tourismus Information Innsbruck,** Burggraben 3, Tel. +43 512 5356, geöffnet: Mo.–Sa. 9–18, So. 9–15 Uhr

› **Parken:** In der Innenstadt gibt es etliche Parkhäuser. Die Gebühr beträgt ca. 3 €/Std., der Tagestarif bewegt sich zwischen 15 und 20 € (u. a. Altstadtgarage, Innrain 4). Außerdem gibt es bei der Olympiaworld und am Hafen zwei Park-and-Ride-Plätze (Infos: www.ivb.at/fahrgast/mobilitaet/park-ride).

› **Stadtverkehr:** Der öffentliche Nahverkehr im Stadtgebiet wird von den Innsbrucker Verkehrsbetrieben (IVB) betreut. Es gibt insgesamt 24 Buslinien und sechs Straßenbahnlinien. Die Tarifzone Innsbruck (Kernzone) umfasst das gesamte Stadtgebiet. Neben Wochenkarten (23,60 €) gibt es 24-Std.-Karten (6,10 €), 8-Fahrten-Tickets (16,10 €) und Einzelfahrkarten (2,80 €). Tickets erhält man an Ticketautomaten an den Haltestellen, bei Vorverkaufstellen (z. B. Trafiken), über rund 550 Parkscheinautomaten mit Ticketfunktion oder unter: https://tickets.ivb.at/de/ticket. Infos zu Linien, Fahrplänen und Tickets unter www.ivb.at.

35 Thaur ★ [K5]

Thaur ist ein hübsch gelegener **Vorort von Innsbruck** 25. Er ist an der alten **Dörferstraße** gelegen, die sich nördlich oberhalb des Inntalbeckens von Mühlau über Arzl und Rum bis nach Absam bei Hall in Tirol 36 schlängelt. Wie die meisten Dörfer entlang dieser „Perlenkette" finden sich auch in Thaur Besiedelungsspuren, die bis in die **Bronzezeit** zurückreichen. Auch der Ortsname lässt sich wohl von illyrischen oder rätoromanischen Wurzeln ableiten.

In die einst dörfliche Idylle haben sich die Refugien der Neureichen wie Schwalbennester an den Hang geheftet, unverkennbar am Architekturmix, der zwischen Toskanastil, Kitschvilla und hypermodernem Quaderbau angesiedelt ist. Trotz dieser sichtbaren, der Nähe zur Landeshauptstadt geschuldeten Veränderungen im Ortsbild haben sich in Thaur mit seinen fünf (!) Kirchen einige volkskundlich bemerkenswerte Traditionen erhalten. So wird beispielsweise in der **Pfarrkirche Maria Himmelfahrt** an Christi Himmelfahrt die Jesusfigur nach alter Tradition in die Höhe gezogen und am Palmsonntag wird eine lebensgroße Jesusfigur samt geschnitztem Esel durch Thaur und das Nachbardorf Rum gezogen.

Über dem Ort thront die ehemalige **Schlosskirche (Romedikircherl)**. Man erreicht sie vom Dorfkern aus über die Stollenstraße, die an einem kleinen Parkplatz endet. Von hier sind es noch weitere 15 Min. Fußweg.

› **Anfahrt:** Buslinie 503 ab Hbf. Innsbruck 25 bis Station Thaur Isserbrücke

Mittelaltercharme in der gut erhaltenen Altstadt von Hall in Tirol

36 Hall in Tirol ★★★ [K5]

Das mittelalterliche Juwel Hall nennt die größte historische Altstadt Tirols sein Eigen. In den verwinkelten Gassen lässt es sich herrlich flanieren, es gilt, die Geheimnisse bedeutender Kirchen zu entdecken, und für Numismatiker gehört der Besuch der Burg Hasegg zum Pflichtprogramm: Schließlich entstand hier mit der Münze Hall der Prototyp des neuzeitlichen Münzwesens.

Egal, ob man vom Bahnhof oder von der Inntal-Autobahn startet: Einen **Stadtbummel** durch das trotz seiner bedeutenden Altstadt überschaubare Hall beginnt man am besten am **Salinenparkplatz** vor der Burg Hasegg, rund 10 Min. vom Bahnhof entfernt. Wer ca. 50 m auf der Hauptstraße stadtauswärts in Richtung Inn spaziert, genießt von der Brücke aus eine **reizvolle Panoramasicht** über den Münzerturm, die Altstadt und die Berggipfel im Hintergrund.

Hall war seit dem Mittelalter eine bedeutende Stadt der **Salzgewinnung**. In einem kleinen **Park** steht im Schatten alter Bäume ein Denkmal, das an eine Begegnung des österreichischen Kaisers Franz I. (Franz II. HRR) mit dem russischen Zaren Alexander I. im Jahr 1822 erinnert. Über einen Durchgang gelangt man in die **Burg Hasegg**. Die mittelalterliche Festung stand ursprünglich in enger Verbindung zur Saline. Seine Hochphase erlebte das Gemäuer ab der Mitte des 15. Jh. unter Erzherzog Sigmund und Kaiser Maximilian I., der es als Habsburger-Residenz ausbauen ließ und die spätgotische **Georgskapelle** in Auftrag gab, die sich im Rahmen einer Burgführung begutachten lässt.

Das zur Burg gehörige **Stadtmuseum** beherbergt Kostbarkeiten aus sieben Jahrhunderten, darunter Teile des von Ritter Florian Waldauf (s. S. 79) gestifteten Reliquienschatzes und eine Bergwerkskarte aus dem 16. Jh.

Darüber hinaus lädt das **Museum Münze Hall** samt Münzerturm in der Burg zu einer Stippvisite ein. Der **Münzerturm**, das Wahrzeichen der Stadt, lässt sich über eine Holztreppe und eine 26 m hohe Wendeltreppe erklimmen. Das Museum im Inneren gewährt Einblick in die Geschichte der sich dort seit dem 16. Jh. befindlichen Münzprägestätte, die mit dem ersten Silbertaler gleichzeitig den Vorfahren des Silberdollars hervorgebracht hat. Auch der **größte Silbertaler der Welt** mit einem Gewicht von über 20 kg lässt sich bestaunen. Daneben bietet das Museum Einblick in die Stadtarchäologie und besitzt einen Turmfalkenhorst.

Über die Münzergasse gelangt man zum **Unteren Stadtplatz** und von dort durch einen engen, malerischen Durchschlupf über einige Stufen hinauf zur Eugenstraße, von wo man, sich rechts haltend, in wenigen Minuten den Stiftsplatz mit der **Herz-Jesu-Basilika** erreicht. Die ehemalige Damenstiftskirche dient heute den Schwestern vom Orden der Töchter des Herzens Jesu als Anbetungsstätte, weshalb man im Inneren des Gotteshauses Rücksicht auf die Stille und Würde des heiligen Ortes

056mt-se

nehmen sollte. Kunsthistorisch vereinigt die Kirche Elemente aus Renaissance und Barock. Weiter führt der Weg an der **Jesuitenkirche (Allerheiligenkirche)** vorbei. Links in die Rosengasse einbiegend, erreicht man nach etwa 200 m das Zentrum der Altstadt mit dem **Rathaus** und der **Pfarrkirche St. Nikolaus.**

Letztere ragt mit ihrem ummauerten Friedhof und den Nebenkapellen gleich einer Insel aus der Altstadt heraus und stellt eine wahre **Fundgrube für kunsthistorisch interessierte Kirchenliebhaber** dar. Das Patrozinium des **hl. Nikolaus,** der als Schutzpatron der Händler und Schiffer gilt, unterstreicht die Rolle Halls als bedeutenden Handelshafen der Innschifffahrt. Die Pfarrkirche selbst ist prachtvoll ausgestattet und bemalt. Auffällig ist der charakteristische Knick in der Achse zwischen Langhaus und Chor, der einer früheren Erweiterungsbaumaßnahme geschuldet ist. Zur sehenswerten sakralen Ausstattung zählen unter anderem ein Taufbecken aus dem 14. Jh. mit Spätrenaissance-Aufsatz unterhalb der Orgelempore, mittelalterliche Glasmalereien über dem südlichen Seitenportal mit der Darstellung neun bedeutender Kirchenheiliger – der Drachentöter Georg im Zentrum – und eine Christusfigur auf einem rollbaren **Palmesel,** die bis heute in der Palmsonntagsprozession Verwendung findet.

Prächtig ausgestattet ist die im östlichen Joch des nördlichen Seitenschiffs gelegene **Waldaufkapelle (Heilige Kapelle).** Durch ein kunstfertig gearbeitetes schmiedeeisernes Gitter ist sie als separater sakraler Raum im Kircheninneren deutlich hervorgehoben. Sie beherbergt neben der sogenannten Waldauf-Mutter, einer spätgotischen Marienfigur, Teile der **Haller Heiltumssammlung,** einem der bedeutendsten Reliquienschätze Mitteleuropas. Der aus Osttirol stammende Ritter **Florian Waldauf** (1450–1510) stiftete die nach ihm benannte Marienkapelle samt ihrer kostbaren Ausstattung, nachdem er Ende des 15. Jh. in niederländischen Gewässern aus schwerer Seenot gerettet wurde.

An der linken Wand befinden sich in Glasschränken die kunstvoll verzierten **Schädelreliquien** vorwiegend römischer Katakombenheiliger – speziell für Kirchenbesucher aus nicht katholischen Gegenden eine teilweise etwas verstörend wirkende Knochen- und Totenschädelsammlung.

Ebenfalls in die Geisteswelt des Mittelalters eintauchen kann man in der **Magdalenenkapelle,** die sich östlich außerhalb der Pfarrkirche befindet. An der Südwand ist ein großartiges **Wandgemälde** mit der **Darstellung des Jüngsten Gerichts** erhalten. Der obere Teil zeigt Jesus umsäumt von Engeln in einer Mandorla, eine Ebene tiefer sind die zwölf Apostel zu sehen. Im unteren Bereich entsteigen nackte Menschen ihren Gräbern, darüber erkennt man die Gerechten und die Verdammten, unter denen sich jeweils auch Kardinäle, Päpste und Könige tummeln. Unten rechts verschluckt das Höllenmonster die Verdammten, von denen einige interessanterweise recht gelassen in den Schlund zu schreiten scheinen. Es lohnt sich auf jeden Fall, dieses mittelalterliche Weltbild mit seinen facettenreichen Details etwas näher unter die Lupe zu nehmen.

Der Haller Münzerturm birgt eine aufschlussreiche Ausstellung zum Münzprägewesen

Über den Langen Graben mit etlichen hübschen Geschäften erreicht man von der Pfarrkirche aus wieder den Unteren Stadtplatz und den Salinenparkplatz. Dabei bietet sich ein kleiner Umweg über die **Schmiedgasse** an. Der schmucke Kopfsteinpflasterweg ist neben der parallel verlaufenden Salvatorgasse ein Paradebeispiel der vorbildlich erhaltenen Altstadtsubstanz, durch deren Gassenlabyrinth man sich – mit einem Auge für Details am Rande – mit Muße treiben lassen sollte.

› www.hall-wattens.at

› **Anfahrt:** A12 bis Ausfahrt Hall Mitte, alternativ verkehren vom Hbf. Innsbruck 25 und von Kufstein 1 aus regelmäßig S-Bahn- bzw. Nahverkehrszüge nach Hall

★**65 Burg Hasegg mit Museum Münze Hall,** Burg Hasegg 6/Münzergasse, Tel. 05223 5855520, www.muenze-hall.at, geöffnet: April–Okt. Di.–So. 10–17 Uhr, Nov.–März Di.–Sa. 10–17 Uhr, Eintritt: 8 €, erm. 6,50 €, Kinder 6–16 Jahre 5,50 €

› **Stadtmuseum Hall,** Tel. 05223 58453085, https://stadtmuseumhall.at, geöffnet: Fr.–So. 10–17 Uhr, Eintritt im Burgticket enthalten

ii66 Pfarrkirche St. Nikolaus, Pfarrplatz 1, www.pfarre-hall.at, Tel. 05223 57914

37 Swarovski Kristallwelten in Wattens ★★ [L5]

Daniel Swarovski gründete 1895 im einige Kilometer östlich von Innsbruck 25 gelegenen Wattens sein Unternehmen für geschliffenes Kristall. Was klein begann, hat sich mittlerweile zu einer glitzernden **Weltmarke** entwickelt. Swarovski-Filialen findet man mittlerweile von New York bis Kairo.

Anlässlich des 100. Gründungsjubiläums entstanden nach den Plänen des österreichischen Liedermachers, Multimediakünstlers und „Märchenerzählers“ **André Heller** die Kristallwelten. Sie befinden sich in einem **künstlich gestalteten Hügel.** Den Eingang bildet ein monumentaler, Wasser speiender **Riesenkopf**, der die Besucher quasi in sein Inneres lockt – in seine Glitzerwunderwelt. Bis heute ist der Riese das weithin sichtbare **Wahrzeichen von Wattens.** Jährlich ziehen die Kristallwelten Hunderttausende Touristen an und sind damit eine der meistbesuchten Sehenswürdigkeiten Österreichs. Im Inneren gibt es mittlerweile **17 Wunderkammern.** Ein Highlight ist die Kammer „Chandelier of Grief“ des japanischen Künstlers Yayoi Kusama, dessen zen-

089mt-tw © Tirol Werbung_Schels Sebastian

trales Element ein rotierender Kristallluster in einem rundum verspiegelten Raum ist. Ein Klassiker der Kristallwelten ist der **Kristalldom** – hier erzeugen 595 Spiegel das Gefühl, sich selbst im Inneren eines Kristalls zu befinden. Ein weiterer Höhepunkt ist das **Kristalloskop**, eines der größten der Welt. Die sogenannte Kristalligraphie und die Eisgasse **„55 Million Crystals by Brian Eno"** sind ein hypnotisches Gesamtkunstwerk aus Musik und Farben, das sich stetig und doch kaum merklich wandelt, ohne sich je zu wiederholen.

Im **Außenbereich** schweben 600.000 Kristalle über schwarzem Wasser. Bei der Installation handelt es sich um das magische Herzstück des Gartens, eine von Andy Cao und Xavier Perrot entworfene **Kristallwolke** mit einer Fläche von ca. 1400 m².

Natürlich kann man auch jede Menge glänzende Mitbringsel erstehen – im **Souvenirshop** entfaltet sich eine riesige Einkaufslandschaft mit stets neuen Produkten. Für **Kinder** stehen ein Spielturm und ein großer Spielplatz zur Verfügung.

Kuriosität am Rande: Bei Umbauarbeiten ist man auf antike Funde aus römischer Zeit gestoßen, die ebenfalls in die Ausstellung eingebunden sind. Für kulinarische Genüsse sorgt das Restaurant **Daniels Kristallwelten.**

› **Anfahrt:** Ab Innsbruck 25 Hbf. fährt ein Shuttlebus um 10.20, 12.40, 14.40 und 16.40 Uhr über Congress/Hofburg nach Wattens, ab Kristallwelten um 11.35, 15.35, 17.35 und 19.05 Uhr. Ein Hin- und Rückfahrtticket kostet 9,50 €, Kinder bis 14 Jahre fahren kostenlos.

‹ Entführt die Besucher in seine Glitzerwelt: der Swarovski-Riese

› **Swarovski Kristallwelten,** Kristallweltenstr. 1, Wattens, Tel. 05224 51080, https://kristallwelten.swarovski.com, geöffnet tägl. 9–19 Uhr, Eintritt: 23 €, Kinder 6–17 Jahre 7 €

› **Restaurant Daniels Kristallwelten** €-€€, tägl. 11–20 Uhr, Reservierung empfohlen unter Tel. 05224 51080

38 Wipptal mit Wallfahrtskirche Maria Waldrast ★★ [J7]

Bei einer Fahrt durch das **Wipptal** und seine Seitentäler wie dem **Gschnitztal** [J8] (s. Wandertipp auf S. 82) oder dem **Stubaital** [I8–J7] kann man den einen oder anderen hübschen Ort entdecken. Besonders schmuck präsentiert sich das kleine **Obernberg am Brenner** [J8] mit seiner spätbarocken Kirche St. Nikolaus in einem kleineren Seitental.

Auf über 1600 m Höhe befindet sich das **Servitenkloster Maria Waldrast.** Man erreicht es von Matrei bzw. Mühlbachl aus entweder zu Fuß über einen **Pilgerweg** oder mit dem Auto über eine **Mautstraße** (Gebühr: 5 €). Dem Ort scheint schon in vorchristlicher Zeit eine besondere Bedeutung zugekommen zu sein: So findet sich etwas unterhalb des Klosters eine möglicherweise kultisch genutzte Steinformation und auch das bis heute hoch geschätzte **Quellwasser** dürfte schon vor langer Zeit gesprudelt haben.

Die **Gründungssage** des Klosters verrät Folgendes: Zwei Hirtenknaben entdeckten 1407 ein aus einer Lärche herauswachsendes Muttergottesbild und brachten es in die Pfarrkirche nach Matrei. Nachdem ein Holzknecht durch Stimmen und die wundersame Erscheinung einer Frau mit Kind dazu aufgefordert worden war, errichtete man am Fundort des Gnadenbilds eine **Wallfahrtskirche.**

Bis heute kann man die **Waldraster Muttergottes** mit ihrem markanten Gesichtsausdruck in der Klosterkirche am Altar bewundern. Wunder sind übrigens seit dem Mittelalter bezeugt und in einer Seitenkapelle zeigt sich anhand unzähliger Votivgaben die bis heute ungebrochene Verehrung in der Tiroler Bevölkerung. Selbst die Auflösung des Klosters durch Kaiser Joseph II. und die zwischenzeitliche Schließung durch die Nationalsozialisten konnten daran nichts ändern. Regelmäßig finden **Nachtwallfahrten** nach Maria Waldrast statt.

Durstigen Besuchern sei angeraten, vom herrlich kühlen Nass der **Waldrastquelle** zu kosten, das aus dem Brunnen neben dem Kloster sprudelt. Neben dem erquickenden Brunnenwasser gibt es im Klostergasthof, dem **Waldrast Natur Resort**, Brotzeiten und warme Gerichte zur Stärkung. Auch Unterkünfte stehen zur Wahl.

Kraftplatz im Gschnitztal: Wanderung zur Kirche St. Magdalena

Wer dem Verkehr auf der Brennerautobahn und der parallel verlaufenden Brenner-Staatsstraße entfliehen möchte, sollte in Steinach am Brenner [K8] ins Gschnitztal Richtung Trins und Gschnitz abbiegen. Nach wenigen Minuten findet man sich in einem kleinen Seitental wieder, das als relativ unberührt und authentisch bezeichnet werden darf.

Da die Straße eine Sackgasse ist, verirren sich nur wenige Fahrzeuge in diesen Winkel. Rechts und links erheben sich die mächtigen Gipfel der **Alpen.** Am Ende des Tals dominiert mit dem 3277 m hohen **Habicht** [I8] einer der mächtigsten Gipfel Tirols das Gebirgspanorama. Von geübten Bergsteigern kann er über die Innsbrucker Hütte im Rahmen einer Zweitagestour bezwungen werden. Das hier beschriebene Ziel liegt mit seinen 1666 m im Vergleich zum mächtigen 3000er zwar nur auf halber Höhe, ist aber nicht minder reizvoll. Im Gegenteil: Viele halten die Magdalenenkapelle samt Jausenstation für einen der schönsten Flecken Tirols – für einen wahren Kraftplatz abseits von Hektik und Alltagslärm. Eines ist sicher: Es ist ein Ort, der Spiritualität und Volksfrömmigkeit, mittelalterliche Kunst- und Glaubensvorstellungen, unberührte Natur und Tiroler Gastlichkeit in Einklang bringt – ein Ort der Muße und Entspannung für Leib und Seele.

Die Wanderung beginnt am **Gschnitzbach** [J8], den man vor dem eigentlichen Ortseingang über eine Brücke quert. Von dort aus steigt man in einer guten Stunde in den Bergwald hinauf, begleitet von einem **Kreuzweg mit 14 Stationen** – neben seiner religiösen Aussage auch eine gute Orientierung, was die zurückgelegte Strecke betrifft. Schließlich verlässt man den Wald und wird nach wenigen Minuten unterhalb markanter Felszacken an der Außenmauer des Kirchleins von der hl. Maria Magdalena begrüßt.

In die Kirche gelangt man über einen dunklen Durchgang. Sobald sich die Augen an die Lichtverhältnisse gewöhnt haben, präsentiert das Kircheninnere lebendige mittelalterliche Freskenmalereien aus der Heiligenlegende der Schutzpatronin, ein beeindruckendes Altarkreuz und eine Liegefigur der Maria Magdalena mit einem kleinen Teufelchen zu ihren Füßen. Die Kirche strahlt eine starke Ruhe und Geborgenheit aus

Etwas oberhalb des Klosters steht die **Auffindungskapelle.** Für all jene, die noch höher hinaus wollen: Vom Parkplatz aus kann man in ca. 3 Std. den Gipfel der sagenumwobenen **Serles** [J7] (2717 m) besteigen – mit ihrer Pyramidenform einer der markantesten Berge Tirols mit Blick auf Innsbruck 25 und die Nordkette 30, auf Habicht, Stubaier und Ötztaler Alpen sowie bei gutem Wetter bis zum Großglockner und in die Dolomiten. Die Bergtour durch Wälder mit Lärchen und Latschenkiefern, über Alpenblumenwiesen, Fels und Schotter ist nur Bergsteigern mit **Trittsicherheit** und **guter Kondition** zu empfehlen.

› www.wipptal.at

67 Waldrast Natur Resort €€-€€€, Mützens 27, Matrei am Brenner/Mühlbachl, Tel. 05273 6219, www.mariawaldrast.at/restaurant, geöffnet: Di.–So. 9–17 Uhr. Feine Tiroler Kochkunst, Fleisch aus dem eigenen Stall. Nachhaltige Stromerzeugung. Mit großer Sonnenterrasse.

und wird von Besuchern als Ort des Gebets, der stillen Einkehr und der Meditation genutzt. Daneben finden hier oben hin und wieder auch kirchliche Feste wie Taufen statt und selbst Hochzeitspaare scheuen nicht den mühevollen Aufstieg, um sich an diesem dem Himmel so nahen Ort das Jawort zu geben.

Natürlich darf eine Tiroler Stärkung nicht fehlen. Dafür sorgt die **Jausenstation,** in der mit frischem Elan Tiroler Speck, Käse und warme Gerichte zubereitet werden. Ein Stück oberhalb der Blumen- und Kräuterwiese gibt es einen **Kletterpark.** Als Alternative zum Wanderweg bietet sich der **St.-Magdalena-Klettersteig** an, der ebenfalls hinauf zur Wallfahrtskirche führt.

68 Jausenstation Sankt Magdalena €, Tel. 0676 6181655, www.facebook.com/SanktMagdalena, geöffnet: Mai–Sept. Mo./Di. Ruhetag

› **Infos zum St.-Magdalena-Klettersteig:** www.almenrausch.at/touren/detail/st-magdalena-klettersteig-ingschnitz

Ein wahres Kirchenkleinod: St. Magdalena im Gschnitztal [J8]

029mt-se

39 Zirl und die Martinswand ★ [I6]

Die Marktgemeinde Zirl liegt am **Nordufer des Inns.** Das Terrain ist seit Urzeiten besiedelt. Unübersehbarer Blickfang des Gemeindegebiets ist die einige Kilometer östlich des Ortskerns gelegene **Martinswand**, die mehrere Hundert Meter – teils leicht überhängend – zum Inntal abfällt.

Am Fuß der Wand thront auf dem vorgelagerten **Martinsbühel (Sankt Martinshügel)** die **Martinsklause** samt Kloster und einer alten Kirche, in der Reste mittelalterlicher Fresken zu sehen sind. Angeblich soll es sich bei dem kleinen Gotteshaus um die älteste noch bestehende Kirche Nordtirols handeln. Geschichtsträchtig ist der Platz allemal: So stand auf dem Areal einst das bedeutende spätrömische **Kastell Teriolis**, von dem aus die Fernverkehrsstraße zwischen Augsburg und Innsbruck 25 (bzw. Wilten) kontrolliert wurde. Kaiser **Maximilian I.** (s. S. 65) baute sich hier um 1500 ein Jagdschloss und soll sich bei einem seiner Jagdausflüge in der Martinswand verstiegen haben. Ganze zwei Tage soll er in der Felswand gefangen gewesen sein, ehe ihn ein Bauernbursche auf wundersame Weise retten konnte. Noch heute erinnert in der **Kaiser-Max-Grotte** ein großes Kruzifix und die Statue des betenden Kaisers an dieses dramatische Ereignis.

Zur Grotte führen ein **Klettersteig** (nur für Geübte!) und ein **gesicherter Weg** für Bergwanderer mit Trittsicherheit und Schwindelfreiheit. Ausgangspunkt für die ca. einstündige Wanderung ist der **Parkplatz** beim Roten Kreuz in Zirl (Geistbühelweg 19, gebührenpflichtig).

Weitere Sehenswürdigkeiten in Zirl sind die **Pfarrkirche** mit Fresken des Kirchenmalers Franz Plattner aus dem 19. Jh. und die **Burgruine Fragenstein**, ein beliebtes Fotomotiv, das ein Stück nördlich des Ortes gelegen ist.

› www.zirl.at

MEIN TIPP

Stippvisite in Völs [I6]

Etwa auf halber Strecke zwischen Innsbruck 25 und Zirl 39, ca. 5 km westlich der Landeshauptstadt, liegt die Gemeinde **Völs.** Hier lohnt sich der Besuch zweier Kirchen, die vom Baustil her unterschiedlicher nicht sein könnten: zum einen die barocke **Wallfahrtskirche St. Blasius,** die auf dem Blasiusberg thront, zum anderen die moderne **Emmauskirche** aus den 1960er-Jahren, deren Architekturstil man in einem Tiroler Dorf nicht erwarten würde: Das strahlend weiße Gebäude ist durch schräge Flächen gegliedert und besitzt dank spitzer Ecken und eines nach innen hängenden Dachs einen kronenartigen Abschluss. Während der Entstehungszeit und auch danach dürfte die gewagte Konstruktion nicht allen Einwohnern behagt haben.

40 Seefeld in Tirol ★ [H5]

Die Tiroler Gemeinde Seefeld liegt auf einem 1200 m messenden **Hochplateau** knapp 30 km nordwestlich von Innsbruck 25. Zur kalten Jahreszeit ist sie ein gefragter **Wintersportort** – insbesondere bei Langläufern ist Seefeld dank seiner über 200 Loipenkilometer beliebt. Im Sommer eignet sich der Ort als Ausgangspunkt für Ausflüge ins Karwendelgebirge oder in die Landeshauptstadt. Durch seinen **Bahnanschluss** ist Seefeld auch mit öffentlichen Verkehrsmitteln gut erreichbar.

Der Ort selbst war bereits im Mittelalter von Bedeutung, lag er doch auf der wichtigen Handelsstraße zwischen dem heute deutschen Mittenwald und Innsbruck, war Zentrum der Steinöl-Produktion (s. S. 123) und fungierte als wichtiger **Wallfahrtsort.** Auslöser der Wallfahrt war das sogenannte **Hostienwunder von St. Oswald** im Jahre 1384. Der Legende nach begehrte Ritter Oswald Milser, damals Pfleger der nicht mehr existierenden Burg Schlossberg, vom Pfarrer die Kommunion in Form der großen Hostie, die jedoch dem Klerus vorbehalten ist. Sobald die Hostie seine Zunge berührte, versank er bis zu den Knien im Boden und bedauerte sofort seinen Frevel, woraufhin sich auf der Hostie blutige Male zeigten.

Die Seefelder **Pfarr- und Wallfahrtskirche St. Oswald** ist nicht nach dem zunächst hoch- und dann reumütigen Ritter benannt, sondern trägt das Patrozinium des **hl. Oswald,** eines Königs aus Northumbrien im England des 7. Jh., der oft mit einem Raben dargestellt wird. Insbesondere in Bayern und Österreich sind ihm etliche Kirchen geweiht, gilt er doch als Schutzpatron des Viehs, gegen die Pest und gegen Hagelunwetter. Die Kirche existierte bereits vor dem Hostienwunder und wurde mit Beginn des Ansturms der Wallfahrer spätgotisch umgestaltet.

St. Oswald ist nicht die einzige sehenswerte Kirche im Ort: Besonders hübsch präsentiert sich das **Seekirchl Heilig Kreuz.** Wie gemalt steht die Kirche auf einem kleinen Hügel und gilt als Wahrzeichen des Ortes. Errichtet wurde sie im 17. Jh. als Votivkirche eines wundertätigen Kruzifixes und entwickelte sich zur zweiten Wallfahrtskirche Seefelds. Vom 15. bis Anfang des 19. Jh. war sie von einem künstlich angelegten See umgeben. Noch heute kann man sich die einstige Insellage gut vorstellen.

Ein beliebtes **Ausflugsziel** ist die direkt an der deutschen Grenze bei Mittenwald gelegene **Leutascher Geisterklamm.**

❯ www.seefeld.com
❯ www.leutaschklamm.com

⌃ In Seefeld werden im Winter auch Skiwettkämpfe ausgestragen

41 Isar-Ursprung bei Scharnitz ★ [J4]

Bei der **Isar** denken viele an Bayerns Landeshauptstadt München und die dortigen Isarauen. Dass es sich jedoch ursprünglich um eine **waschechte Tirolerin** handelt, die den Bayern zwischen Mittenwald, München, Landshut und Plattling so viel Freude bereitet, ist vielen nicht bewusst.

Im Tiroler **Karwendelgebirge** bei dem Örtchen **Scharnitz** liegt mit dem Ursprung des quirligen Gebirgsflusses einer der schönsten Abschnitte der Isar, die sich von hier auf ihren knapp 300 km langen Weg in Richtung Donau aufmacht. Mit dem Auto kommt man (zum Glück) nicht bis zum Ursprung – den muss man sich zu Fuß oder mit dem Fahrrad erobern. Im Gegenzug erwartet einen eine herrlich **unberührte Naturlandschaft**, wie man sie nur noch selten findet. Zugegeben: An schönen Wochenenden in der warmen Jahreszeit ist man hier nicht alleine unterwegs, schließlich handelt es sich um den letzten Abschnitt des **Isar-Radwegs** und so mancher Mountainbike-Fahrer scheint weniger an der Landschaft als an einem neuen persönlichen Streckenrekord interessiert zu sein. Angesichts der Tatsache, dass für den Hin- und Rückweg ca. 15–20 km zu bewältigen sind, lohnt es sich durchaus, die Tour mit einem **Drahtesel** zu unternehmen (Leihmöglichkeit bei Café Länd und Bikeverleih in Scharnitz, s. unten).

073mt©Ralph Hoppe - www.FooTToo.de, stock.adobe.com

Das erste Drittel der Strecke ist landschaftlich noch nicht allzu aufregend, doch dann wird die Umgebung immer reizvoller und an einem ruhigen Tag fühlt man sich fast wie in der Wildnis Kanadas – allerdings ohne Gefahr zu laufen, Bären zu begegnen. Dafür trifft man auf Kühe und hunderte **Stoamandl** (kleine Steinfiguren) am Ufer.

Verlaufen oder verfahren kann man sich eigentlich nicht: Der Forstweg führt durch das **Hinterautal** in gerader Richtung immer an der jungen Isar entlang in Richtung **Kastenalm**, die sich für eine Einkehr anbietet. Knapp 2 km vor der Alm befindet sich der Isar-Ursprung. Es ist keine Quelle im klassischen Sinne, sondern es handelt sich um **mehrere kleine Bächlein**, die aus dem Boden hervorsprudeln und gemeinsam die junge Isar erschaffen.

› **Ausgangspunkt:** Parkplatz P2 „Karwendelparkplatz Länd“ oder Parkplatz Gasthof Wiesenhof (beide gebührenpflichtig); Dauer der Wanderung: ca. 6 Std., vom Bahnhof Scharnitz aus zusätzlich ca. 30 Min.

●69 **Café Länd und Bikeverleih,** Hinterautalstr. 355, Tel. 05213 20183

70 **Kastenalm,** Scharnitz 14, Tel. https://kastenalm.at, Juni–Sept., Mi. Ruhetag. Die urige Hütte bietet Brotzeiten und Kuchen.

Tiroler Oberland

Das Tiroler Oberland, bestehend aus den **Bezirken Imst 43 und Landeck 51**, ist eine der interessantesten Teile Nordtirols – eine **urwüchsige Landschaft** mit tiefen Tälern, spektakulären Passstraßen und etlichen Dreitausendern. Ötztal 46, Pitztal 50 und Kaunertal 52 sind klingende Namen im Südwesten des Bundeslandes.

Schon in **prähistorischer Zeit** war die Gegend besiedelt und während des Römischen Reichs waren Landeck, Imst und der Fernpass [F5] Stationen einer bedeutenden antiken Handelsroute.

Die Bewohner legen Wert auf ihre **Traditionen**, Fasnachtsbräuche reichen weit in die Vergangenheit zurück und der katholische Glaube spielt nach wie vor eine tragende Rolle. Doch wie in beinahe ganz Tirol zählt auch im Oberland der **Tourismus** längst zu einer lebenswichtigen Einnahmequelle – im Sommer der Wandertourismus und im Winter natürlich der Skitourismus. Gleichzeitig gibt es im Oberland einige **kulturhistorische Glanzlichter** zu entdecken, wie etwa die Festung Altfinstermünz 53 oder das Stift Stams 42.

42 Stift Stams ★★★ [G6]

Stift Stams ist mehr als nur ein Tiroler Kloster, es ist „das" Nordtiroler Kloster schlechthin – mehr noch: Es ist wahrlich eine Kirchenburg inmitten der imposanten Alpenlandschaft des Inntals.

091mt-tw © Tirol Werbung_Aichner Bernhard

Hier hat man es jedoch keineswegs nur mit einer historischen Sehenswürdigkeit bzw. einem alten Gemäuer zu tun, sondern das Stift ist bis heute ein lebendiger Ort des Glaubens, dient es doch den hier lebenden **Zisterziensermönchen** als Zentrum ihrer Spiritualität. Daneben fungiert es als Bildungsstätte und Wirtschaftsbetrieb.

Die **Geschichte** des Klosters reicht zurück bis ins Hochmittelalter des Jahres 1273, als Graf **Meinhard II. von Görz-Tirol** und seine Gattin **Elisabeth von Bayern** das Stift als Gedächtnisstätte für Konradin – Elisabeths Sohn aus erster Ehe und in Neapel enthaupteter, letzter männli-

Glasklares Wasser erwartet Besucher im Isartal bei Scharnitz

Weithin sichtbare Monumente: die Zwiebeltürme von Stift Stams

057mt-se

MEIN TIPP

Idyllisches Gasthaus im Grünen: der Arzkasten

Nicht allzu weit entfernt von Stift Stams (42) erstreckt sich nördlich der Autobahn das **Mieminger Plateau,** eine schöne Gebirgsterrasse oberhalb des Inntals, die von Reisenden besucht, aber nicht überlaufen ist. Hier gibt es etliche Einkehrmöglichkeiten, unter anderem das urige **Wirtshaus Arzkasten,** das man mit dem Pkw nach Durchqueren des Ortes Obsteig rechts abbiegend über eine nicht asphaltierte Straße erreicht. Im Sommer sitzt man wunderbar auf der **Terrasse** und kann **Tiroler Schmankerln** aus regionalen und saisonalen Produkten genießen.

71 Gasthaus Arzkasten €-€€, Arzkasten 135, Obsteig, Tel. 05264 8121, www.arzkasten.at, geöffnet: Mi.–So. 9.30–19 Uhr

Kunstfertigkeit bis ins Detail: in der Stiftskirche von Stams (42)

cher Staufer-Erbe – und als zukünftige Grablege für die Grafen von Görz-Tirol gründeten. In der Folgezeit blühte das Stift mit seinen umfangreichen Besitztümern in Nord- und Südtirol sowie in Bayern und Schwaben auf. Zwischen 1347 und 1350 beherbergte es sogar die Reichskleinodien. Unruhigen Zeiten und kriegerischen Wirren war das Stift im 16. Jh. ausgesetzt, ehe es ab dem 17. Jh. einer umfangreichen barocken Neugestaltung unterzogen wurde. In den 150 Jahren zwischen ca. 1600 und 1750 entstanden das noch heute weithin sichtbare **Konventgebäude** mit den charakteristischen **Zwiebeltürmen** und die auf romanischen Fundamenten neu errichtete **Stiftskirche.**

Weitere Rückschläge wie die Aufhebung des klösterlichen Lebens während der napoleonisch-bayerischen Besatzung 1806 oder die Auflösung durch die Nationalsozialisten konnten dem Stift auf Dauer nichts anhaben. Seit einiger Zeit befindet sich auf dem Areal ein renommiertes **Skigym-**

nasium, das etliche bekannte Wintersportler hervorgebracht hat.

Das Stift und insbesondere dessen Herzstück, die **Basilika Mariä Himmelfahrt**, lassen sich ganzjährig im Rahmen von **Führungen** besichtigen. Wer das Gotteshaus betritt, wird unweigerlich von seiner barocken Pracht in den Bann gezogen. Unweit des Eingangsbereichs kommt man zum sogenannten **Österreichischen Grab**, auch bekannt als **Fürstengruft**, in dessen Vertiefung man vor einer Kreuzigungsgruppe hinabblicken kann. Dort stehen die lebensgroßen, in Gold gefassten **Figuren bedeutender Tiroler und österreichischer Persönlichkeiten** des Mittelalters – die Skulpturen und das Grab sowie die Kreuzigungsgruppe (1684) stammen von dem Tiroler Künstler **Andreas Thamasch**.

Dargestellt sind auf der **Nordseite** von rechts nach links: Die Gründer des Stifts, Graf Meinhard II. (ca. 1238–1295) und seine Gemahlin Elisabeth (ca. 1227–1273), Friedrich IV. mit der leeren Tasche (1382–1439), Landesfürst aus der Tiroler Linie der Habsburger, sowie Anna von Braunschweig (1390–1432), dessen Gemahlin. Die **Südseite** zeigt von links nach rechts: Heinrich von Kärnten (ca. 1265–1335), Sohn Meinhards II., Bianca Maria Sforza (1472–1510), zweite Gemahlin von Kaiser Maximilian I., Siegmund den Münzreichen (1427–1496), Sohn Friedrichs IV., und Eleonore von Schottland (1431–1480), erste Gemahlin Siegmunds. Manch Besucher, der die Hofkirche 28 in Innsbruck 25 kennt, dürfte sich angesichts der lebensgroßen Figuren an die dortigen Schwarzmander erinnert fühlen.

Während es sich hier um ein barockes Grabdenkmal handelt, befinden sich die eigentlichen Gruften im Kircheninneren verteilt unter **Grabplatten**, etwa jene von Friedrich IV. unter einem Metallgitter im Mönchschor.

Den prachtvollen Gegenpol zum Österreichischen Grab bildet der monumentale Hochaltar der Stiftskirche. Den **Lebensbaum-Altar** schuf der Weilheimer Künstler Bartholomäus Steinle 1609–1613. Das Kunstwerk zeigt auf 15 m Höhe insgesamt 84 geschnitzte und großteils vergoldete Figuren. Weitere Kostbarkeiten sind unter anderem das verzierte Chorgestühl oder die Kanzel.

Zu den Highlights des Stifts zählen ferner das **Museum**, der **Bernhardisaal** mit seinen farbenprächtigen Wand- und Deckengemälden sowie der **Kreuzgang** mit Brunnenhof.

Für das leibliche Wohl der Stiftsbesucher sorgt das Restaurant mit Garten in der **Orangerie.** Mitbringsel kann man im **Klosterladen** erwerben, dort gibt es auch **Tickets für die Führung.** Tipp: Beim Kartenkauf sollte man abklären, in welcher Sprache die nächste Führung abgehalten wird, da auch viele internationale Gruppen vor Ort sind. Regelmäßig finden zudem hochkarätige Musikveranstaltungen statt.

- **Anfahrt:** A12 bis Ausfahrt Mötz, von hier ausgeschildert und schnell erreichbar, Parkplätze vorhanden (Parkautomat)
- Stiftshof 1, Tel. 05263 6242512, www.stiftstams.at, **Führungen:** Juni–Sept. Mo.–Sa. 9–11 u. 13–16 Uhr, So. und feiertags 13–16 Uhr, Okt.–Mai Do. 16 Uhr und auf Anfrage, Eintritt (inkl. Museum): 12,50 €, erm. 10 € bzw. 6 €, nur Museum 7 €/5 €/4 €
- **Orangerie/Restaurant:** www.orangeriestams.at
- **Klosterladen:** Juni–Sept. Mo.–Sa. 9–12 u. 13–17, So. und feiertags 13–17 Uhr, Okt.–Mai Mo.–Fr. 9–12 u. 12.30–15 Uhr

43 Imst ★★ [E6]

Die **Bezirkshauptstadt** Imst liegt im Herzen Tirols und ist ein **Ort der Kontraste:** Einerseits werden hier augenfällig die Bausünden der letzten Jahrzehnte sichtbar – wo früher alte Tiroler Häuser standen und Felder existierten, dominieren heute Kreisverkehre, Gewerbegebiete und moderne Betonbauten das Stadtbild, im Stadtkern gibt es viele Leerstände. Andererseits begegnen Besuchern etliche Kunstwerke im öffentlichen Raum, es gibt drei äußerst interessante Kirchen und mit dem sogenannten Bergl einen Ort uralten Brauchtums. Daneben ist das Zentrum von Imst Ausgangspunkt einer **Wanderung** durch die wildromantische **Rosengartenschlucht** 44.

Ganz in der Nähe der **Touristeninformation** und der gegenüber stehenden **Johanneskirche** mit ihren modernen Außengemälden beginnt der Weg zu dieser Schlucht. Dabei passiert man seltsame Häuser, die teilweise in den Berg hineingebaut wurden – eines davon trägt den unheimlichen Namen **Schinderloch.** Auch einige seltsame Löcher und ein Kreuz weist die Steilwand auf, die der Inngletscher vor Jahrtausenden zusammengepresst hat. **Bergl** nennen die Einheimischen diesen Kulthügel, in dessen Inneren sich uralte Keller befinden.

Ganz oben auf dem Bergl thront die kleine **Laurentiuskirche,** eine der ältesten Kirchen Tirols, deren Ursprünge in die spätrömische Epoche zurückreichen. Im Kircheninneren finden sich gut erhaltene Fresken und eine uralte Steinplatte mit Christus-Monogramm, möglicherweise noch aus der Urkirche stammend.

Bis heute hat sich in Imst eine alte **Tradition** erhalten: In der **Karwoche** vor Ostern gehen die Imster traditionell „über das Bergl“. Der steile Weg auf den Kalvarienberg beginnt ebenfalls bei der Johanneskirche und führt – im Gegensatz zum Weg in die Rosengartenschlucht – rechts über einen Kreuzweg zur kleinen Kirche hinauf.

070mt©IndustryAndTravel, stock.adobe.com

Noch eine dritte Kirche im Ort verdient Beachtung: Über die Pfarrgasse erreicht man vom Zentrum aus in nordöstliche Richtung die gotische **Stadtpfarrkirche Mariä Himmelfahrt.** Die mittelalterliche Hallenkirche besticht in ihrem Inneren mit einem prächtigen Netzrippengewölbe, einem ausdrucksstarken spätgotischen Kruzifix des Allgäuer Bildschnitzers Hans Kels und mit farbenprächtigen Chorfenstern. Umgeben ist die Kirche von einem sehenswerten Friedhof. An der südlichen Kirchenfassade konnten einige interessante **spätgotische Freskenmalereien** konserviert werden: die Darstellung des **hl. Christophorus**, den man häufiger als Motiv monumentaler Gemälde an den Außenwänden Tiroler Kirchen findet und der offenbar vor Jahrhunderten eine besondere Bedeutung in der religiösen Glaubensvorstellung der Tiroler hatte. Interessant ist auch das Bildnis einer Stadt – möglicherweise das biblische Jerusalem als Vorbild für mittelalterliche Städte im Alpenraum.

Überhaupt konnten sich Künstler in Imst vom Mittelalter bis heute verwirklichen und in den vergangenen Jahrzehnten gewährte die Bezirkshauptstadt ihren Werken besonderen Raum. So trifft man heute auf Schritt und Tritt auf **Skulpturen** und **Kunstwerke** zeitgenössischer Tiroler Kunstschaffender.

Daneben prägen dutzende, teils historische Brunnen das Stadtbild, weshalb auch gerne von der **Brunnenstadt Imst** gesprochen wird. Neben Telfs und Nassereith ist der Ort zudem ein Zentrum der traditionellen **Tiroler Fasnacht:** Hier findet alle vier Jahre das beeindruckende **Imster Schemenlaufen** statt (nächster Termin: Februar 2024). Über diese altehrwürdige Tradition informiert auch ein Museum im **Imster Fasnachtshaus.**

058mt-se

› www.imst.at
› **Parken:** Sonneparkplatz im Zentrum oder Johannesplatz. Wer länger als 2 Std. hier ist (z. B. bei einer Wanderung zur Rosengartenschlucht 44), sollte die grün markierten Dauerparkplätze und die dortigen Automaten für den Tagestarif benutzen.

72 Imster Fasnachtshaus, Streleweg 6, Tel. 0664 60698221, www.fasnacht.at, geöffnet: Fr. 16–19 Uhr, Eintritt: 5 €

73 Infobüro Imst, Johannesplatz 4, Tel. 05412 6910, geöffnet: Mo.–Fr. 9–17 Uhr

Im Herzen Tirols gelegen, ist Imst Ausgangspunkt etlicher reizvoller Bergwanderungen

Die modern bemalte Johanneskirche steht mitten im Zentrum von Imst

44 Rosengartenschlucht ★★ [E6]

Die Rosengartenschlucht ist gewiss das **beliebteste Ausflugsziel** in Imst. Dementsprechend viel ist hier in der Hochsaison los, speziell an Wochenenden. Es lohnt sich daher, die Schlucht entweder früh am Morgen oder etwas später am Nachmittag zu durchschreiten, um größeren Gruppen von Tagestouristen aus dem Weg zu gehen. Außerdem kommt es hin und wieder zu **Steinschlägen**, weshalb trotz Sicherheitsvorkehrungen eine gewisse Vorsicht geboten ist.

Sehenswert ist das Biotop aber in jedem Fall. Eine Besonderheit ist schon die Tatsache, dass man direkt vom Imster Stadtzentrum, genauer gesagt von der Johanneskirche aus, losmarschieren kann und sich innerhalb weniger Minuten in herrlicher Naturlandschaft befindet. Am **Bergl** vorbei geht es entlang des **Schinderbachs**, der sich auf 1,5 km Länge in den Fels gegraben hat. Man erwandert dabei unterschiedliche erdgeschichtliche Zeitalter und überwindet über Brücken, Treppen und durch Tunnel einen Höhenunterschied von 250 m. Kurz vor dem Ziel in Hoch-Imst passiert man die **Blaue Grotte**, ein vermutlich von Menschenhand geschaffener Hohlraum, in dem sich bläulich schimmerndes Wasser sammelt. In **Hoch-Imst** gibt es etliche Übernachtungsmöglichkeiten, einen kleinen **Badesee** und die **Sommerrodelbahn Alpine Coaster.**

Für den **Rückweg** nach Imst gibt es unterschiedliche Varianten. Empfehlenswert ist der Abstieg über das **Wetterkreuz** und die Laurentiuskirche am Bergl. Im Infobüro Imst (s. S. 91) erhält man einen **Wanderplan** für die Rosengartenschlucht.

› Rosengartlweg 5, geöffnet: zwischen Frühling und Wintereinbruch (mind. Mai–Okt.), Dauer der Wanderung: hin und zurück ca. 2–3 Std. (inkl. kleinerer Zwischenstopps). Eintritt frei.

› **Führungen:** Mai–Okt. Mo. 14 Uhr, Anmeldung beim Infobüro Imst, Preis 25 €, mit der Gästekarte namens Urlaub(s)spass kostenlos

030mt-se

★74 **Alpine Coaster Imst**, Imster Bergbahnen, Hoch-Imst 19, Tel. 05412 66322, www.imster-bergbahnen.at. Als „längste Alpen-Achterbahn" wirbt die Sommerrodelbahn auf Schienen für sich. Mit neuen 10er-Gondeln gelangt man von Hoch-Imst zur Mittelstation und kann von dort auf einer Streckenlänge von 3,5 km mit bis zu 40 km/h den Berg hinunterjagen.

Weitere Ziele in der Umgebung von Imst

75 **Fasnachtshaus Nassereith**, Sachsengasse 81a, Tel. 0680 5508806, www.fasnacht-nassereith.at, geöffnet: Mai–Okt. Fr. 16–19 Uhr, Eintritt: 3 €, Kinder 1 €. Auf dem Weg in Richtung Fernpass liegt die kleine Gemeinde Nassereith, die von sich mit einem gewissen Stolz behaupten kann, neben Imst und Telfs eines der Zentren Tiroler Fasnachtsbräuche zu sein. Die mystischen und hochwertig gearbeiteten Masken, die beim Schellerlaufen feierlich präsentiert werden, kann man im Fasnachtshaus ganzjährig bewundern.

★76 **Knappenwelt Gurgltal/Die Heilerin**, Tschirgant 1, Tarrenz, Tel. 05412 63023, https://knappenwelt.at. Spannendes Freilichtmuseum in Tarrenz, das insbesondere für Familien mit Kindern ein lohnenswertes Ausflugsziel darstellt.

45 Fernsteinsee ★★★ [F5]

Wer auf der **Fernpass-Straße** von Nassereith in Richtung Reutte 57 fährt, bekommt von den Naturschönheiten oft nicht allzu viel mit, vor allem in der Hauptreisezeit, denn dann zählt die Route zu den meistbefahrenen Alpenpässen und es herrscht viel Verkehr. Gerade deshalb lohnt es sich, am Fernsteinsee, einem der reizendsten **Naturjuwele Tirols**, einen Stopp einzulegen. In der ORF-Reihe „9 Plätze, 9 Schätze", in der regelmäßig die schönsten Orte Österreichs zur Wahl stehen, repräsentierte der Alpensee 2022 das Bundesland Tirol.

Zwar befindet sich der See im **Privatbesitz** des **Hotels Schloss Fernsteinsee** (s. S. 16), man kann ihn aber dennoch auch als Nichthotelgast umrunden (ca. 1 Std. Gehzeit). In kürzester Zeit entflieht man der Blechlawine und findet sich an einem der schönsten Alpenseen der Region. Das türkisfarbene Wasser ist so

Der wunderschöne Fernsteinsee lädt auch zum Bootfahren ein

Die Imster Rosengartenschlucht verspricht eine spektakuläre Wanderung

MEIN TIPP

Auf Schwanenbooten über den See gleiten

Das hätte vermutlich auch Bayerns Märchenkönig Ludwig II. gefallen: Am **Fernsteinsee** 45 kann man neben Ruderbooten auch **Tretboote in der Gestalt von Schwänen** ausleihen und mit ihnen königlich über den See gleiten. Die Boote sind für Hotelgäste kostenlos, Ausflügler können sie jedoch gegen Gebühr am **Kiosk bei der Raststation** mieten.

klar, dass es auch als **Tauchrevier** (s. S. 114) gilt. In der Mitte des Sees liegt eine kleine **Insel**, die man über eine **Fußgängerbrücke** erreicht. Am höchsten Punkt der Insel – über einen steilen Pfad erreichbar – thront gleich einer im Märchenschlaf verharrenden Gralsburg die **Ruine Sigmundsburg**, die Herzog Siegmund der Münzreiche 1478 als Jagdschloss im gotischen Stil errichten ließ.

Diese Ruine kannte auch der bayerische Märchenkönig **Ludwig II.**, der seinem geliebten Fernsteinsee regelmäßig einen Besuch abstattete: Angeblich ließ er sich in lauen Sommernächten auf die Insel rudern und verbrachte die Nacht unter freiem Himmel in einem provisorisch errichteten Nachtlager. Doch der König hatte mit dem Schlosshotel auch ein Dach über dem Kopf, wenn es denn nötig war. Noch heute kann man hier königlich nächtigen. Ein Bildnis des Königs im Rezeptionsbereich neben der Forellenstube erinnert an den berühmten Besucher.

Der Ort hat jedoch noch mehr zu bieten: Gleich unterhalb des Hotels steht eine ehemalige **Wallfahrtskapelle** aus dem 15. Jh., die den 14 Nothelfern geweiht ist, einer Gruppe von Heiligen, die vor allem in der katholischen Kirche verehrt werden. Die Kapelle wurde zuletzt in den 1990er-Jahren renoviert und besitzt noch etliche historische Wandmalereien und Pilgerzeichen sowie eine zum Teil barocke Ausstattung.

› **Anfahrt:** See und Hotel befinden sich an der B179, ungefähr auf halber Strecke zwischen Imst 43 und Reutte 57.

46 Ötztal ★★★ [F6]

Das Ötztal zählt zu den schönsten Alpentälern Tirols und erfreut sich sowohl im Winter als auch im Sommer großer Beliebtheit. Schon der Taleingang vom Inntal aus ist beeindruckend: Man wird fast magisch in den schluchtartigen Schoß mit seinen steilen Gebirgsflanken hineingezogen. In Sölden und in Ober- sowie Hochgurgl liegen bedeutende Skigebiete, mit dem Stuibenfall 48 besitzt das Ötztal den höchsten Wasserfall Tirols und mit den 007 Elements ein Hightech-Museum für James-Bond-Liebhaber samt Panoramablick.

Dass das Tal mit seiner reizvollen Bergwelt auch unzählige **Wandermöglichkeiten** beinhaltet, versteht sich von selbst. Aber auch seine Dörfer haben ihren Reiz. Benannt ist das Tal nach der Ortschaft **Oetz**, die nur wenige Kilometer vom Taleingang entfernt liegt. Im Ortskern gibt es einige historische Höfe und Gasthäuser mit Fassadenmalereien.

Nur wenige hundert Meter südöstlich von Oetz liegt der landschaftlich reizvolle **Piburger See** [F7], der es trotz seiner Lage auf 915 m Höhe im Sommer auf eine Wassertemperatur von immerhin 22 °C bringt, was

› *Blick auf Umhausen im Ötztal*

ihn zu einem beliebten Anlaufpunkt für Badefreunde macht. Auch Bootfahren ist möglich. Im Hochsommer empfiehlt sich eine Wanderung rund um den schattigen See.

Ebenfalls attraktiv präsentiert sich **Umhausen** [G7] in der Mitte des Ötztals. Eine Wanderung zum spektakulären Stuibenfall lässt sich gut mit einem Besuch des Ötzi-Dorfs und des Greifvogelparks verbinden, die beide in unmittelbarer Nähe des großen **Stuibenfall-Parkplatzes** (s. S. 97) gelegen sind. Im **Greifvogelpark** leben auf ca. 5000 m² ganze 15 verschiedene Greifvogelarten wie Geier, Adler, Milane, Eulen, Falken und Bussarde. In der Arena mit 300 Sitzplätzen finden regelmäßig Flugvorführungen statt. Das **Ötzi-Dorf** widmet sich natürlich **Ötzi**, der berühmtesten Mumie der Alpen. Insbesondere junge Besucher können hier in die Welt der Steinzeit eintauchen – inklusive prähistorischer Architektur, Jagd- und Arbeitsweisen, historische Haustierrassen und praktische Tipps, etwa zum Feuermachen mit Feuersteinen oder Brot backen nach alter Rezeptur.

Etwas weiter südlich liegt der Ort **Längenfeld** [G8], der im Ortsteil Lehn ein sehenswertes **Heimatmuseum** sein Eigen nennt. Das Areal besteht aus einem beinahe in Originalzustand erhaltenen Dorfkern mit 16 historischen Gebäuden und Gegenständen der bäuerlichen Kultur des Tals, darunter die älteste Truhe Tirols. An kalten und nassen Regentagen empfiehlt sich in Längenfeld ein Besuch des **Aqua Dome**, Tirols größter Therme (s. S. 115).

Wer von hier aus noch weiter ins Ötztal vordringt, kann bei **Sölden** [G9] die **James-Bond-Erlebniswelt 007 Elements** besuchen. Das spektakuläre Museum thront auf über 3000 Metern Seehöhe und ist mit der **Gaislachkoglbahn** (ca. 30 Min. Auffahrt) erreichbar.

Kurz hinter Sölden teilt sich die Straße: Lohnenswert ist ein Besuch des idyllischen **Venter Tals** 49 oder man orientiert sich alternativ in Richtung **Timmelsjoch** (s. S. 98) und überquert einen der spektakulärsten Alpenpässe nach Südtirol.

› www.oetztal.com

059mt-se

MEIN TIPP

Blütenrausch bei der Fahrt nach Innsbruck

Wer von Oetz im **Ötztal** 46 aus in Richtung **Innsbruck** 25 fahren möchte und auf der Suche nach einer landschaftlich reizvollen Alternative zur Autobahn ist, kann die Strecke über die Ortschaft **Ochsengarten,** den Skiort **Kühtai** [G6] und die **Dörfer des Sellrain** wählen. Im Juni und Juli verwandeln sich die auf rund 2000 m Höhe liegenden Wiesen und Hänge rund um Kühtai in ein duftendes **Blütenmeer roter Alpenrosen,** auch bekannt als **Almrausch.**

- P 77 **Parkplatz Piburger See,** Piburg 773, Oetz
- ★78 **Ötzi-Dorf und Greifvogelpark Umhausen**, Am Tauferberg 8, Umhausen, Tel. 05255 50022, www.oetzi-dorf.at, geöffnet: Mitte Mai–Mitte Okt. tägl. 9.30–17.30, Ende Okt. bis 17 Uhr, Vor- und Nachsaison Mo. geschlossen, Eintritt: **Greifvogelpark** 12 €, Kinder 6–15 Jahre 6 €, Familien 32 €, **Ötzi-Dorf** 10 €, Kinder 6–15 Jahre 6 €, Familien 28 €, Kombiticket 18,70 €/9,40 €/51 €
- M 79 **Heimat- und Freilichtmuseum Ötztal**, Lehn 24, Oberried, OT Längenfeld/Lehn, Tel. 6649102321, https://oetztalermuseen.at/heimatmuseum, geöffnet: Jun.–Sept. Mo.–Fr. 10–12 u. 14–17, So. 14–16 Uhr, Mai u. Okt. Di. u. Do. 10–12 u. 14–16 Uhr, Eintritt: freiwilliger Einwurf in eine Box
- ★80 **007 Elements,** Bergstation der Gaislachkoglbahn, https://007elements.soelden.com, geöffnet: tägl. 9–16.30 Uhr, Eintritt inkl. Berg- und Talfahrt: 54 €, Jugendliche 49 €, Kinder 30 €

Infos und Reisetipps

- i 81 **Infopoint Oetz,** Ambach 26, geöffnet: ab Mai Mo.–Fr. 9–13 u. 14–17 Uhr. Gleich am Eingang ins Ötztal, direkt an der Hauptstraße, befindet sich dieser Infopoint mit Parkplatz. Auch unabhängig der Öffnungszeiten kann man sich hier mit Prospekten und Magazinen versorgen.

Essen und Trinken

- 82 **Gasthaus zum Stern** €-€€, Kirchweg 6, Oetz, Tel. 05252 6323, www.gasthof-zum-stern.at, tägl. geöffnet. Wunderschönes altes Tiroler Gasthaus – sowohl von außen als auch von innen. Die Küche bietet authentischen Tirol-Genuss pur. Reservierung empfohlen.

47 Farst ★ [F7]

So manchem Besucher Umhausens dürften die etwas nördlich des Ortes hoch am Berg gelegenen Höfe aufgefallen sein, die sich wie Schwalbennester an den Steilhang schmiegen. Es sind die uralten **Bergbauernhöfe von Farst.** Sie sind ein Beispiel dafür, wie die Tiroler Bergbauern bereits vor hunderten Jahren mit harter Arbeit auch entlegene Gebirgsflächen in Kulturland verwandelt haben. Gleichzeitig zählt der kleine **Weiler mit Kapelle** zu den ältesten Siedlungen der Gegend. Bis heute leben zwei Familien auf diesem Balkon über dem Ötztal.

Über etliche steile Serpentinen kann man in rund einer Stunde hinaufwandern. Als Belohnung für die Anstrengung winken eine **wunderbare Aussicht** und eine Einkehrmöglichkeit in der urigen **Jausenstation.** Wer sich den Fußweg ersparen möchte, kann alternativ ein **Taxi** nehmen.

In einer weiteren Stunde erreichen Wanderer die **Reichalm** (1960 m, nur im Hochsommer geöffnet) mit ihren kleinen, alten Holzhäusern – ebenso wie Farst ein großartiges Fotomotiv.

› **Anfahrt bzw. Wanderung:** Aufstieg von Umhausen oder von einem Parkplatz an der Ötztaler Str. beim Ortsteil Östen unweit der Kirche Maria Schnee. Hier zweigt eine kleine Straße in Richtung Osten ab, dann folgt man der Beschilderung. Auffahrt auch mit dem Taxi möglich (Taxi Scharfetter, Tel. 05255 5858). Anfahrt mit dem eigenen Fahrzeug ohne Genehmigung nicht gestattet.

48 Stuibenfall Umhausen ★★ [G7]

Der mit einer Fallhöhe von 159 m **höchste Wasserfall Tirols** lässt sich im Rahmen einer kleinen Halbtagestour problemlos erwandern. Vom großen, kostenpflichtigen **Wanderparkplatz** in Umhausen aus geht es den **Wildbach** hinauf in Richtung Wasserfall. Nach einem rund halbstündigen Fußmarsch präsentiert sich der Stuibenfall Besuchern erstmals in seiner ganzen Pracht. Nun beginnt der eigentliche **Stuibenfall-Steig**, der über eine **Hängebrücke** und viele Metalltreppen zu mehreren **Aussichtsplattformen** führt. Ein bisschen schwindelfrei sollte man schon sein. Besonders eindrucksvoll ist die mittlere Plattform. Hier kommt man dem Hauptfall ganz nahe und spürt die Naturgewalten am eigenen Leib. Smartphone, Kamera und Kleidung können vom **gischtartigen Sprühnebel** etwas nass werden, der bei Sonnenschein einen kleinen Regenbogen bildet. Nachgewiesenermaßen wirkt der Wasserfall positiv auf die Lungenfunktion bei Asthmatikern. Spektakulär ist auch der Blick von der höchsten Plattform nach unten.

Neben dem normalen Weg existiert entlang des Wasserfalls auch ein **Klettersteig** für geübte Kletterer.

Der Weg zum Stuibenfall inklusive Hängebrücke und Plattformen ist **kostenlos**, lediglich die **Parkplatzgebühr** ist zu entrichten. In der Hauptsaison werden mittwochabends geführte **Laternenwanderungen** zum **beleuchteten Wasserfall** veranstaltet.

P83 **Stuibenfall-Parkplatz Bischofsplatz**, Am Taufer Berg, Umhausen, Tagesgebühr: 5 €, auch für Ötzi-Dorf und Greifvogelpark (s. S. 96)

› **Laternenwanderungen:** April–Okt. Mi. ab 19.30 Uhr, Preis 10 €, Kinder bis 14 Jahre frei, Anmeldung und Infos unter Tel. 057200 400

49 Venter Tal ★★ [G10]

Wer die Fahrt durch das Ötztal entlang der **Ötztaler Ache** bis zum **Talschluss** fortsetzt, wird mit einigen weiteren besonders sehenswerten Orten belohnt. Kurz vor Zwieselstein, wo die beiden Bäche Venter Ache und Gurgler Ache zusammenfließen und die Ötztaler Ache bilden, führt eine landschaftlich reizvolle Straße in Richtung **Vent** [F–G10].

032mt-se

› Größter Wasserfall Tirols: der Stuibenfall bei Umhausen

Ein echter Geheimtipp ist eine **Wanderung** von Vent zu den **Rofenhöfen.** Diese liegen 2 km oberhalb des Ortes auf 2014 m Höhe – Tiroler Postkartenidylle vom Feinsten! Hier gibt es auch einen Berggasthof. Man erreicht die Höfe über eine spektakuläre **Hängeseilbrücke,** die 46 m lang ist und die **Rofnerschlucht** in 31 m Höhe überspannt.

Ein Muss für Liebhaber prähistorischer Stätten dürfte der geheimnisvolle **Hohle Stein** sein, der vermutlich bereits den Bewohnern der Steinzeit als Unterschlupf oder Behausung diente. Apropos Steinzeit: Konditionsstarke Wanderer können von Vent aus bis zur **Fundstelle der Gletschermumie Ötzi** vordringen, die im Schatten des Similaun an der österreichisch-italienischen Grenze auf 3210 m Höhe liegt.

› www.rofenhof.at

MEIN TIPP

Über das Timmelsjoch nach Südtirol

Die Alpenüberquerung vom Ötztal 46 über Hochgurgl und das Timmelsjoch auf 2474 m ins italienische Passeiertal gehört zu den **spektakulärsten Passstraßen der Alpen.** Die **Timmelsjoch-Hochalpenstraße** [H10] ist nur in der warmen Jahreszeit befahrbar und mautpflichtig.

Auf der Passhöhe lockt ein spektakuläres **Passmuseum.** Auf dem Weg dorthin lässt sich mit dem **TOP Mountain Motorcycle Museum** auch das höchstgelegene Motorradmuseum Europas besuchen. Es ist zwar vor einigen Jahren niedergebrannt, wurde aber in kurzer Zeit wiedererrichtet und beherbergt eine Vielzahl historischer Zweiräder.

Wer eine Rundfahrt plant: Für die **Rückfahrt** bietet sich die Variante über den Reschenpass (s. S. 104) via Altfinstermünz 53 und Landeck 51 an.

› www.timmelsjoch.com
› www.crosspoint.tirol/de-home
› **Maut:** Pkw einfach 18 €, hin und zurück 24 €, Motorrad 16 €/21 €

50 Pitztal ★★ [F8]

Das etwa 40 km lange südliche **Seitental des Inntals** verläuft parallel zum Ötztal 46, ist im Vergleich zu diesem aber in weiten Teilen deutlich enger und auch dünner besiedelt. Es endet als Sackgasse in einem Talschluss, abgeriegelt nach Süden durch die **Wildspitze** [F10] (3768 m), Tirols höchsten Gipfel, und die beiden **Gletscher Mittelbergferner** sowie **Taschachferner.**

Im Pitztal wird außerdem eine andere **Mundart** als im Ötztal gesprochen, wobei dieser Umstand insbesondere norddeutschen Touristen in der Regel nicht auffallen dürfte.

Das **beschwerliche Leben** in dem niederschlagsarmen Tal war über Jahrhunderte von kärglicher Viehwirtschaft geprägt. Die Armut zwang etliche Bewohner zur Ab- und Auswanderung. Der Tourismus hielt zwar ab Ende des 19. Jh. Einzug, doch im Vergleich zu anderen Tiroler Landstrichen war das Tal noch bis weit ins 20. Jh. hinein eher eine touristische Entwicklungsregion. Dies änderte sich zumindest im inneren Pitztal, bestehend aus den Gemeinden **Jerzens** [E7] und **St. Leonhard** [F8], mit dem Bau der **Pitztaler Gletscherbahn,** was sich auch im Ortsbild der Dörfer bemerkbar machte. Der nördliche Abschnitt im Bereich der Gemeinden **Arzl** [E6] und **Wenns** [E7] ist hingegen touristisch kaum erschlossen und konnte sich dadurch teilweise sein authentisches bergbäuerliches Antlitz bewahren.

Wie in vielen anderen Tiroler Tälern stehen sich also auch im Pitztal **zwei Weltanschauungen** gegenüber: Die wirtschaftlichen Perspektiven und der Erhalt von Arbeitsplätzen dank des Tourismus einerseits, berechtigte Ängste vor dem Verlust der Ursprünglichkeit andererseits. Die weitere Erschließung des Mittelbergferners für den Skitourismus und eine geplante Liftverbindung zum Ötztaler Gletscher ist in der Bevölkerung umstritten – im Sommer 2022 sprach sich eine knappe Mehrheit der Gemeinde St. Leonhard in einer **Volksbefragung** gegen das Projekt aus.

Nach wie vor ist der **Pitztaler Gletscher** Österreichs höchstes Gletscher-Skigebiet. Mit dem **Gletscherexpress** und der neuen **Wildspitzbahn** kann man auf stolze 3440 Höhenmeter vordringen (Sonnencreme auf keinen Fall vergessen!). Im Sommer lohnt sich die Fahrt in die dünne Hochgebirgsluft aufgrund des **fantastischen Fernblicks** – bei guter Sicht überblickt man mehr als 1000 Gipfel, davon 50 Dreitausender. Man kann die Aussicht vom Dach Tirols komfortabel bei einer Tasse Kaffee im **Café 3440** erleben: Es ist das **höchstgelegene Kaffeehaus Österreichs** und wirkt aufgrund seiner futuristischen Architektur ein wenig wie ein Ufo, das im Hochgebirge gelandet ist.

Auf dem Areal der **Mittelstation** in 2900 m Höhe steht die moderne **Kapelle des weißen Lichts,** die von dem Tiroler Künstler Rudi Wach 1998 aus Carrara-Granit errichtet worden ist.

Eine weitere Seilbahn führt vom Ort Mandarfen kurz vor dem Talschluss hinauf zum **Rifflsee** [F9], einem grünlichen Gletscher-Moränensee, auf dem man **Floß fahren** kann – geworben wird mit dem Slogan „Europas höchste Floßfahrt".

Ein Ausflugshighlight des unteren Pitztals ist der **Hochzeiger** [E–F7]. Der Berg liegt östlich von Jerzens und ist über eine **Gondelbahn** und einen **Sessellift** erschlossen. Insbesondere für **Familien mit Kindern** ist der **Zirbenpark Hochzeiger** ein lohnenswertes Ziel. Der 1 km lange Rundwanderweg beginnt an der Hochzeiger Mittelstation auf 2000 m. Im Rahmen von siebzehn Stationen erfährt man allerhand über die Zirbe, jenen neben der Lärche typischen Nadelbaum des Tiroler Hochgebirges. Die „Königin der Alpen", wie die Zirbelkiefer wertschätzend bezeichnet wird, nutzt man in Tirol traditionell in unterschiedlichster Art und Weise – sei es als Zirbenschnaps, zur Möbelfertigung oder bei der Herstellung von Zirbenkissen, denen positive Effekte auf das allgemeine Wohlbefinden nachgesagt werden. Im Park gibt es für Kinder unter anderem einen 12 m hohen **Zirbenzapfen-Erlebnisturm** mit seiner 16 m langen **Röhrenrutsche.** Seit 2022 existiert auch ein **Biketrail** von der Mittel- bis zur Talstation.

› www.pitztal.com

- **84 Talstation Gletscherexpress und Wildspitzbahn,** Mittelberg 103, Tel. 05413 86288, www.pitztaler-gletscher.at, Winter- und Sommerbetrieb, Berg- und Talfahrt mit beiden Bahnen 43 €, Kinder 26 €
- **85 Talstation Rifflseebahn,** Mandarfen 89, Plangeross, Winter- und Sommerbetrieb, Berg- und Talfahrt 24 €, Kinder 14 €, Kombiticket mit Floßfahrt 31 €/19 € (Floßfahrten nur Juli/Aug. Di., Do., So. um 13.30 Uhr, Fahrtdauer: 45 Min.)
- **86 Talstation Hochzeigerbahn,** Liß 270, Jerzens, www.pitztal.com/de/hochzeigerbahn, Berg- und Talfahrt inkl. Zirbenpark 23 €, Kinder 10 €, kombiniert mit Sechszeiger-Doppelsessellift 28 €/13 €

092mt-tw © Tirol Werbung_Aichner Bernhard

51 Landeck ★★ [D7]

Zusammen mit den Gemeinden Zams und Stanz ist das in einem tiefen Talkessel gelegene Landeck **wirtschaftliches und politisches Zentrum Westtirols.** Gleichzeitig war die besondere Lage zwischen Reschenpass, Vorarlberg, Fernpass und Innsbruck 25 seit jeher von großer strategischer Bedeutung. Bereits in römischer Zeit lag der Ort an der **Via Claudia Augusta**, quasi dem „antiken Brenner-Pass", der Norditalien mit Süddeutschland verband.

Der **Ortsname** bezieht sich auf die starke Biegung des Inns nach Osten, also auf das „ums Eck Biegen". Die auf 777 m Höhe gelegene Tiroler Oberland-Metropole ist von Bergen umringt: Der Gipfel von Landecks Hausberg, der **Silberspitze,** liegt auf 2115 m. Die nordwestlich in den Lechtaler Alpen gelegene **Parseierspitze** kommt gar auf 3036 Höhenmeter.

In der Innenstadt – genauer gesagt in der **Malserstraße** – laden etliche Lokale und Läden zu einem kleinen Bummel ein. Wahrzeichen des Städtchens ist das hoch über dem Inn gelegene **Schloss Landeck.** Urkundlich erwähnt wurde die Festung erstmals 1296, aus jener Zeit stammt auch der mächtige Bergfried. Im Schloss ist ein sehenswertes **Heimatmuseum** untergebracht, das Einblicke in die Geschichte des Tiroler Oberlands vermittelt. Diese war nicht immer geprägt von Tiroler Fröhlichkeit und touristischer Postkartenidylle, sondern oftmals von schwerer Arbeit, Überlebenskampf und Auswanderungsdruck – Aspekte, die in der Dauerausstellung „Bleiben und gehen" thematisiert werden.

Noch weiter in die Vergangenheit reichen die Wurzeln der **Stadtpfarrkirche Maria Himmelfahrt,** die nur wenige Meter unterhalb des Schlosses steht. Dass das Gotteshaus sehr alt ist, ist schon länger bekannt – urkundlich erwähnt ist sie seit 1270. Archäologische Untersuchungen ab 2012 brachten jedoch eine kleine Sensation ans Tageslicht: Man entdeckte die Mauerreste eines Vorgängerbaus, der ins 5. Jh. datiert werden kann, eine spätrömische Saalkirche. Wichtigstes Ausgrabungsobjekt war ein **frühchristliches Taufbecken,** das man im Kircheninneren unter einer Boden-Glasplatte bestaunen kann. Sehenswert sind ferner das Lang-

Mittelalterliches Wahrzeichen Landecks: der Bergfried des Schlosses

MEIN TIPP

Die geheimnisvolle Ruine der Kronburg

Wer von **Landeck** 51 aus auf der Autobahn oder Landstraße nach Innsbruck 25 unterwegs ist, dem fällt der **pyramidenartige Berg im Inntal** auf, auf dessen Gipfel eine rätselhaft anmutende Burg thront. Beinahe wirkt sie wie eine verwitterte Gralsfestung. Es ist die **Ruine der Kronburg** aus dem 14. Jh.

Etwas unterhalb, in einer kleinen Senke direkt neben dem gleichnamigen **Gasthof**, steht eine schmucke **Wallfahrtskirche.** Von hier führt ein **Fußweg** zur Burgruine (freier Zugang, Trittsicherheit erforderlich). Der Gasthof selbst bietet sich mit bodenständiger Tiroler Küche und seiner schönen Gaststube für eine kulinarische Pause an.

› **Anfahrt:** A12 bis Ausfahrt Schönwies, dann über eine schmale Straße (ausgeschildert)

★**92 Burgruine Kronburg,** Zams

93 Gasthof Kronburg €-€€, Kronburg 107, Tel. 05442 63345, www.kronburg-tirol.at

hausgewölbe, eine Muttergottes aus dem 14. Jh., ein spätgotischer Taufstein in Form eines Oktagons und der sogenannte **Schrofensteinaltar** an der Seitenwand. Dargestellt ist die Schnitzgruppe „Anbetung der Könige" aus dem 16. Jh., die dem Innsbrucker Bildschnitzer Sebold Bocksdorfer zugeschrieben werden. Darunter erkennt man den hl. Oswald mit dem Raben sowie kniend das Stifterpaar: Ritter Oswald von Schrofenstein und seine Gemahlin Praxedis von Wolkenstein.

Das im späten Mittelalter bedeutende Geschlecht der Schrofensteiner hat mit der hoch über Landeck gelegenen **Burgruine Schrofenstein,** deren erhaltener Bergfried gleich eines erhobenen Zeigefingers in die Berglandschaft ragt, ein weiteres steinernes Zeugnis des Mittelalters hinterlassen.

Mit dem **Zammer Lochputz**, auch bekannt als **Lötzklamm**, existiert in der Nähe von Zams eine weitere wildromantische Naturschönheit, die für Touristen über einen **Erlebnissteig** erschlossen ist.

› https://tirolwest.at/landeck

87 Museum Schloss Landeck, Schlossweg 2, Tel. 05442 63202, www.schlosslandeck.at, geöffnet: Ende April–Ende Okt. tägl. 10–17 Uhr, Eintritt: 8 €, erm. 7 €, Kinder ab 7 Jahren 4 €, Familien ab 11 €

★**88 Burgruine Schrofenstein,** Stanz bei Landeck 1

★**89 Zammer Lochputz,** Lötz, Tel. 05442 65600, https://zammer-lochputz.at, geöffnet: Juli–Mitte Sept. tägl. 10–17 Uhr, sonst an Wochenenden (siehe Website), Eintritt: 4,50 €, erm. 4 €, Kinder 3,50 €

Infos und Reisetipps

90 Infobüro Landeck, Malserstr. 47a, Tel. 05442 65600, https://tirolwest.at, geöffnet: Mo.–Fr. 8.30–12 u. 13–17 Uhr. Infos über die Tourismusregion Tirol-West.

Essen und Trinken

91 Gasthof Rieder Stub'n €-€€, Ried im Oberinntal 3, Tel. 0676 7734712, www.riederstubn.com, geöffnet: Fr.–Di. 9–24, warme Küche: 12–20.30 Uhr. Gutes und authentisches Tiroler Restaurant im Oberinntal zwischen Landeck und Pfunds. Der Gasthof eignet sich auch für Übernachtungen, da er eine gute Ausgangsbasis für Ausflüge nach Altfinstermünz 53, ins Kaunertal 52, nach Samnaun (s. S. 104) und zum Reschenpass darstellt. Auch für Fahrradfahrer auf dem Innradweg (s. S. 114) geeignet.

52 Kaunertal ★★ [E8]

Das Kaunertal ist, ebenso wie das Pitztal 50, ein kleines, **schlauchartiges Gebirgstal**, das sich in Nord-Süd-Richtung zwischen Ötztal 46 und Unterinntal seinen Weg aus dem Hochgebirge gebahnt hat. Im südlichen Talabschnitt gibt es einige kleine Dörfer und Streusiedlungen, die in erster Linie vom Tourismus leben.

Dank seiner **abgeschiedenen Lage** war das Kaunertal lange Zeit eher ein Geheimtipp für Tirol-Besucher – seit einigen Jahren hat es sich jedoch in Österreich eine gewisse Popularität erworben. Dies liegt unter anderem daran, dass der derzeitige österreichische **Bundespräsident Alexander van der Bellen** einen Teil seiner Kindheit in dem Tal verbracht hat, worauf österreichische Medien nicht müde werden hinzuweisen. Auch der Wahlkampfauftakt des Politikers fand 2022 hier statt – kein Wunder, dass er in seinem Heimattal ein hervorragendes Ergebnis erzielen konnte.

Der zweite Grund ist, abgesehen von den allgemeinen Wander- und Erholungsmöglichkeiten, die Tatsache, dass sich hier noch einer der letzten großen **Gletscher** befindet. Die Betonung liegt auf „noch"! Denn auch der **Gepatschferner** [E10], seines Zeichens nach der Pasterze in Kärnten der zweitgrößte Gletscher Österreichs und der größte Tirols, ist wie so viele seiner Leidensgenossen seit Jahren massiv vom **Abschmelzen** bedroht.

Die Kaunertaler Gletscherregion ist über eine **mautpflichtige Gletscherstraße** ganzjährig touristisch erschlossen. Sie beginnt etwa auf halber Strecke des Tals und führt von 1200 m auf stolze 2750 Höhenmeter – nur selten kommt man in den Alpen mit dem Pkw in solch schwindelerregende Höhen. Die relativ enge Straße führt zunächst mit mäßiger Steigung durch das bewaldete Tal, ehe sie sich in etlichen Kehren hinauf zum **Gepatschspeicher** [E9–10] (1767 m) windet. Hat man den 6 km langen Stausee passiert, wird die Straße hochalpin: Oberhalb der Baumgrenze ähnelt die Gegend teilweise einer Mondlandschaft. Am **Endparkplatz** lockt eine **begehbare Gletscherspalte** (Juni–Anf. Sept. zugänglich). Wer von hier aus noch höher hinaus möchte: Mit der **Karlesjochbahn** gelangt man bis zur österreichisch-italienischen Grenze auf 3108 m Höhe.

Wenngleich die Autofahrt zum höchsten Punkt wegen der Aussicht empfehlenswert ist, lockt das vielleicht interessanteste Gletschererlebnis in geringerer Höhe: Vom **Parkplatz Ochsenalm** aus können trittsichere Wanderer eine Tour zur **Gletscherzunge** bestreiten. Der **Gletscherlehrpfad** führt vorbei an Gletscherschliffen und informiert über ehemalige Stände des mittlerweile nicht mehr ewigen Eises. Für die 8,4 km lange Wanderung sollte man mindestens vier Stunden einplanen.

› www.kaunertal.com, www.kaunertaler-gletscher.at
› **Kaunertaler Gletscherstraße:** bei entsprechender Witterung ganzjährig tägl. 7–17, Juni–Aug. bis 19 Uhr, Maut: Tageskarte Pkw inkl. bis zu 5 Personen 25 €, Motorrad 15 €
› **Karlesjochbahn:** Berg- und Talfahrt 26 €, Kinder ab 8 Jahren 18 €, bei Kauf an der Mautstation günstiger, www.kaunertal.com/de/Ihr-Kaunertal/im-Sommer/Sommer-Bergbahnen
› **Routenbeschreibung Gletscherlehrpfad:** www.kaunertal.com/de/Ihr-Kaunertal/im-Sommer/Gletscherstrasse-Gletscherpark/Gletscherlehrpfad-Gepatschferner_t-18168

53 Festung Altfinstermünz ★★★ [C10]

Auf der Strecke zwischen Landeck 51 und dem Reschenpass (s. S. 104) liegen einige ganz besondere touristische Leckerbissen, an denen man nur allzu leicht vorbeifährt, da sie entweder nicht direkt an der Straße liegen oder Parkmöglichkeiten Mangelware sind. Eine davon ist die Festung Altfinstermünz, die unterhalb der Landstraße in einer tiefen **Schlucht am Inn** gelegen ist.

Mit dem Auto kommt man dort nicht direkt hin: Man gelangt zur Felsenklause entweder **über die Schweiz** (via Engadiner Straße, zusätzlich kürzerer Fußweg) oder per pedales über einen **Radweg** von der Kajetansbrücke [C9] bei Pfunds.

Besonders empfehlenswert ist jedoch der **Abstieg von Hochfinstermünz** aus. Dieses kleine **Geisterdorf** – bestehend aus einigen Häusern rechts und links der Reschenstraße – dient als Ausgangspunkt einer rund 20-minütigen Wanderung über einen **Serpentinensteig** hinunter zum Inn. Hochfinstermünz ist selbst eine Art Sehenswürdigkeit, wenngleich eine mit sehr morbidem Charme. Bis 2008 existierte hier noch das **Alpenhotel.** Gegen Ende der Donaumonarchie war es ein Grand Hotel mit eigenem Kraftwerk zur Stromgewinnung, dessen guter Ruf weit über die Grenzen der Region hinausreichte und das sich mit Hotels in Sankt Moritz oder Meran messen konnte. Selbst aus den USA kamen die Gäste, wie das Gästebuch bestätigt. Es gab einen Souvenirladen mit k. u. k. Postamt, eine Kapelle, eine Tankstelle und einen beliebten Gastgarten mit Pavillon. Nachdem die letzte Hotelwirtin – in der Region einfach nur als Emmi bekannt – ins Altersheim übersiedelte, fand sich kein Pächter mehr für das denkmalgeschützte Gesamtensemble. Seit Jahren verfallen die Gebäude und der Putz bröckelt von den Fassaden. Man kann nur hoffen, dass sich in nicht allzu ferner Zukunft doch noch jemand findet, der gewillt ist, diesem historischen Ort wieder neues Leben einzuhauchen.

093mt-tw © Tirol Werbung_Aichner Bernhard

Festung Altfinstermünz: der Holzsteg verbindet Tirol mit Graubünden

Zumindest der **Festung Altfinstermünz** unten am **Inn** ist dies gelungen. Sie wird seit Jahren von einem Verein restauriert und ist für Besucher zugänglich. Während der Sommermonate kann man die Festung auch von innen besichtigen. Das Gesamtensemble besteht aus mehreren Gebäuden. Die ältesten, noch aus dem Mittelalter stammenden Teile sind der mitten im wilden **Gebirgsfluss** stehende **Brückenturm** und als Rest einer alten Höhlenburg die wie ein Schwalbennest an den Fels gebaute **Festung Sigmundseck.** Der mächtige **Klausenturm** (Torturm) ist etwas jüngeren Datums (1513–1516 erbaut). Daneben gibt es noch eine **Kapelle** und eine **Klausenschenke,** die fürs leibliche Wohl sorgt.

› Altfinstermünz 180, Nauders, www.altfinstermuenz.com, Tel. 0660 5642538, geöffnet: Ende Mai–Anf. Okt. Di.–So. 11–16.30 Uhr, Eintritt: 8 € (inkl. Audioguide), Kinder bis 14 Jahre in Begleitung der Eltern frei, Führungen (8 €) auf Anfrage

Weitere Ziele in der Umgebung von Altfinstermünz

› **Nauders** [C10]: In der letzten Nordtiroler Gemeinde vor dem Reschenpass-Übergang ins Südtiroler Vinschgau kann man einige geheimnisvolle Plätze entdecken. Dazu zählt etwa der **Schwarze See,** ein dunkles Hochmoor mit viele Seerosen, und das mächtige **Schloss Naudersberg** aus dem frühen 14. Jh. Ein paar Kilometer nordwestlich liegt in einer finsteren Bergenge die **Festung Nauders,** eine monumentale Befestigungsanlage mit Kaserne und Bunkern, erbaut zwischen 1834 und 1840, die noch im Ersten Weltkrieg von der österreichischen Armee genutzt wurde. Die Festung beherbergt ein Museum und kann im Sommer ab Juni jeden Mittwoch und Sonntag besichtigt werden (Kontakt: Karl Ploner, Tel. 05473 86222).

› **Samnaun (CH)** [B9] **und Spiss (Tirol)** [C9]: Wie wäre es mit einem kleinen Abstecher in die Schweiz? Von der **Kajetansbrücke** bei Pfunds aus ist es nur ein Katzensprung in die Graubündener Gemeinde Samnaun, die lediglich von Tirol aus erreichbar ist. Hier wird –

Eine Prise Südtirol: Ausflug zum Reschensee

Bereits in römischer Zeit waren Reschen- und Fernpass die wichtigsten Routen der Alpenüberquerung. Erst 200 n. Chr. gelang es den römischen Ingenieuren, eine Straße über die Brennerroute zu installieren. Zuvor verlief die Via Claudia Augusta als Hauptverbindung zwischen Verona, Bozen und Augsburg über den 1504 m hohen **Reschenpass** [C10].

Zwar läuft der Güterverkehr hauptsächlich über die Brennerautobahn, ein stiller und verkehrsarmer Pass ist der österreichisch-italienische Grenzübergang zwischen Landeck 51 und dem Südtiroler Vinschgau jedoch – zumindest in der Hautsaison – nicht. Hunderte Pkws und Wohnmobile sind täglich unterwegs und die meisten von ihnen haben einen ganz bestimmten Zwischenhalt im Visier: den künstlich aufgestauten Reschensee mit seinem pittoresken, mitten **im Wasser stehenden Kirchturm.**

Was heute als berühmtes Fotomotiv gilt, ist eigentlich ein trauriges Mahnmal: Gegen den Willen und trotz erbitterten Widerstands der deutschsprachigen Bevölkerung wurde der Stausee in der faschistischen Ära geplant und nach Ende des Zweiten Weltkriegs realisiert. Grundstücke wurden enteignet und Häuser gesprengt. Die Ruinen des Dorfes Graun sind im See versunken. Lediglich der aus dem 14. Jh. stammende Kirchturm der alten Pfarrkirche St. Katharina hat den Feldzug zugunsten der Wasserkraft überstanden. Zwischen Grenzübergang und See gibt es in Reschen und Graun etliche Hotels, Restaurants für eine Pause und Einkaufsmöglichkeiten.

einmalig für die Schweiz – ein bairisch-tirolerischer Dialekt gesprochen. Die Gemeinde genießt **Zollfreiheit**, weshalb etliche Läden zum Shoppen einladen. Auf dem Weg nach Samnaun durchfährt man die Tiroler Gemeinde Spiss. Die 100-Einwohner-Streusiedlung in wunderschöner Landschaft mit ihren alten Höfen liegt auf 1628 m und kann sich rühmen, die **höchstgelegene Gemeinde Österreichs** zu sein.

54 Paznaun mit Galtür ★★ [A9]

Das **Paznauntal**, oft einfach nur Paznaun genannt, bildet den äußersten südwestlichen Winkel des Bundeslands Tirol. Es erstreckt sich auf ca. 40 km vom Großraum Landeck 51 aus über die Gemeinden See, Kappl, Ischgl und Galtür. Über die **Silvretta-Hochalpenstraße** gelangt man bis zur **Bielerhöhe** mit dem Silvretta-Stausee auf 2034 m Höhe, die den Übergang von Tirol nach Vorarlberg darstellt.

008mt-se

Massive touristische Bedeutung hat der **Wintersport**, speziell der Skiort **Ischgl** [B9] mit seiner **Silvretta Arena**, eines der größten Skigebiete der Alpen mit unzähligen Pisten und Liften. Auf die knapp 1600 Einwohner Ischgls kommen fast 12.000 Betten – dementsprechend herrscht in dem kleinen Gebirgsdorf zur kalten Jahreszeit großer Andrang. Berühmt-berüchtigt sind die exzessiven **Après-Ski-Partys**, die den Ort während der Corona-Pandemie 2020 international in die Schlagzeilen brachten.

Im **Sommer** ist es im Paznaun deutlich ruhiger. Es gibt Wander- und Freizeitmöglichkeiten sowie angesichts der **60 Kapellen des Tals** immer wieder schöne Fotomotive.

Der Ort **Galtür** als letzter Tiroler Vorposten vor dem Schweizer Piz Buin und dem Vorarlberger Montafongebirge wurde einst von Walsern besiedelt und bildet bevölkerungsmäßig und kulturell einen Übergang vom bairisch-tirolerischen zum rätoromanischen und alemannischen Kulturkreis. Im Februar 1999 sorgte Galtür international für Schlagzeilen, als eine schreckliche **Lawinenkatastrophe** den kleinen Ort heimsuchte. Dabei kamen 31 Menschen ums Leben, an die ein **Denkmal** auf dem Dorffriedhof erinnert.

Noch Ende des 19. Jh. bestand Galtür nur aus einer Kirche und einer Handvoll Höfe. Die auf einem Hügel thronende **Pfarrkirche Mariä Geburt** stammt ursprünglich aus dem 14. Jh. Zusammen mit der **Gorfen-**

◁ Steinerner Zeuge des versunkenen Dorfes: der Kirchturm von Altgraun

spitze, dem Hausberg Galtürs, der sich gleich einer mächtigen Pyramide über dem Dorf erhebt, bildet sie ein hübsches Fotomotiv.

Einen interessanten Einblick in die hochalpine Landschaft zeigt das **Alpinarium Galtür.** Es ist gleichzeitig Museum, Dokumentationszentrum und Erinnerungsstätte. Infolge des Lawinenunglücks wurde ein mächtiger, über 300 m langer Schutzwall errichtet, in den das Alpinarium integriert worden ist, auch eine **Kletterwand** gibt es.

Einen ganz besonderen **Alpenschnaps** stellt man in Galtür bereits seit Generationen her: den **Enzian**, hier **Enzner** genannt. „Ein Enzner hilft gegen fast alles", sagen die Einheimischen und brennen die Schnapsrarität mit dem etwas gewöhnungsbedürftigen Geschmack seit Jahrhunderten aus der Wurzel des Gelben Enzians. Er soll eine positive Wirkung auf die Verdauung haben. Allerdings ist der Schnaps so selten, dass man ihn auch nur ab und zu kaufen kann. Falls man also von einem Galtürer ein *Stamperl* (Schnapsglas) Enzian erhält, ist das wie ein Ritterschlag. Aus den Blüten und Blättern des Gelben Enzians wird außerdem ein hochwertiges Extrakt erzeugt und zu Hautpflegeprodukten weiterverarbeitet. Das Wissen über die einheimische Wunderwurzel wurde sogar 2013 von der **UNESCO** als **immaterielles Kulturerbe** anerkannt.

› www.paznaun-ischgl.com, www.ischgl.com

M **94** **Alpinarium Galtür,** Hauptstr. 29c, Tel. 05443 20000, www.alpinarium.at, geöffnet: ab Ende Mai Di.–So. 10–18 Uhr, Eintritt: 10 €, erm. ab 6 €, Familie ab 15 €

› **Infos, Verkaufsstellen und Onlineshop für Enzner-Produkte:** www.enzner.at

Zwischen Zugspitze und Lechtal: der Außerfern

Außerfern nennt sich der **Bezirk Reutte** im äußersten **Nordwesten Tirols.** Der Name leitet sich davon ab, dass die Region „außer dem Fern", also auf der anderen Seite des Fernpasses liegt. Als **Grenzregion zu Bayern** bestand traditionell eine starke Verbindung mit dem Allgäu und der oberbayerischen Gegend um Garmisch-Partenkirchen. Andererseits zieht sich das **Lechtal** 60 in südwestlicher Richtung bis nach Vorarlberg, sodass auch zum westlichsten Bundesland Österreichs ein fließender Übergang besteht. Diese besondere geografische Lage hat sich auch in den **Dialekten** niedergeschlagen: Je nach Region finden sich Ähnlichkeiten zur schwäbischen, alemannischen oder bairischen Mundart.

Die Region um Reutte 57 ist geprägt von **Landwirtschaft und Tourismus.** Durch die Nähe zu München tummeln sich insbesondere an den Wochenenden viele Ausflügler aus dem Nachbarland am **Plansee** 58 oder rund um die **Zugspitze** 55, was nicht selten mit einem hohen Verkehrsaufkommen einhergeht. Deutlich ruhiger und gemütlicher zeigt sich der Bezirk im dünn besiedelten oberen Lechtal und dessen kleinen Seitentälern.

Bayern und Tirol teilen sich die Zugspitze. Von Ehrwald gelangt man per Seilbahn zum Gipfel.

55 Ehrwald und Zugspitze ★★ [G4]

Die Zugspitze ist allgemein als Deutschlands höchster Berg bekannt. Doch der mächtige Bergriese darf auch zur Hälfte von Tirol in Anspruch genommen werden. Mit ihren 2962 m Höhe hat die Zugspitze zwar knapp die 3000er-Marke verpasst und in Tirol gibt es zweifellos höhere Gipfel. Dennoch zählt sie zu den markantesten und eindrucksvollsten Bergmassiven in ganz Nordtirol.

Was Garmisch-Partenkirchen auf bayerischer Seite, das ist die Gemeinde **Ehrwald** [F–G4] auf Tiroler Seite. Sie liegt direkt unterhalb des Felsriegels und ist im Sommer wie im Winter – dank mehrerer **Skigebiete** – ein beliebter Urlaubsort. Insbesondere wenn die Sonne niedrig steht, erstrahlt die Zugspitze im bisweilen fast schon kitschigen Licht des **Alpenglühens.**

Ein besonders hübsches Fotomotiv mitsamt dem markanten Berggipfel im Hintergrund ist das winzige **Kirchlein St. Martin** aus dem frühen 17. Jh., das auf einer Wiese steht und als ältestes Gotteshaus der Gemeinde gilt.

Doch die Zuspitze lässt sich nicht nur von unten bestaunen, man kann auch ohne viel Anstrengung mithilfe einer Seilbahn den Gipfel erreichen. Bis zu hundert Personen passen in eine Gondel der **Tiroler Zugspitzbahn** und diese gelangen in nur zehn Minuten vom Tal in luftige Höhen. Die moderne Anlage löste die alte Zugspitzbahn ab, die bereits 1926 die ersten „Flachlandtiroler“ und Sommerfrischler zum Gipfel beförderte. Bergeinsamkeit darf man auf Deutschlands höchstem Berg jedoch nicht erwarten, denn auch von bayerischer Seite bringt eine Seilbahn eine Vielzahl von Touristen hinauf.

Die Zugspitze zählt in jedem Fall zu den Berggipfeln mit starker Bebauung: Neben den Seilbahngebäuden existieren eine **Schneekristall-Welt** in einer Glaspyramide, eine **Wetterstation**, ein **Museum**, mehrere Funk- und Forschungsstationen sowie riesige **Panorama-Restaurants.** Es gibt sogar einen Briefkasten der Deutschen Post. Von der Tiroler Bergstation spaziert man direkt über die **österreichisch-deutsche Grenze.** Ein kleiner Aufstieg ist es zum goldglänzenden **Gipfelkreuz** des Westgipfels auf deut-

scher Seite. Trotz des Andrangs und der nicht gerade günstigen Tickets ist die Fahrt auf die Zugspitze für die meisten Besucher ein unvergessliches Erlebnis – insbesondere bei guter Fernsicht, wenn der Blick vom Piz Bernina in den Schweizer Alpen bis zum Großglockner in den Ostalpen schweift.

› **Anfahrt:** via B187 von Lermoos oder Garmisch-Partenkirchen bis Ehrwald, bei der Shell-Tankstelle abbiegen und der Beschilderung folgen, Parkplatzgebühr 5 €. Alternativ mit dem Zug bis Bhf. Ehrwald-Zugspitzbahn, von dort verkehren regelmäßig Busse zur Talstation.

•**95 Talstation Tiroler Zugspitzbahn,** Obermoos, Tel. 05673 2309, www.zugspitze.at, ganzjähriger Fahrbetrieb (außerhalb der regelmäßigen Revisionsarbeiten) tägl. 8.40–16.40 im 20-Min.-Takt., Gipfel-Ticket Zugspitze Sommer (Berg- und Talfahrt inkl. Eintritt in Erlebnismuseum, Schneekristall-Welt sowie „Bahnorama anno 1926" und Technikschauraum bei der Talstation): 56 €, erm. 48 €, Jugendliche 16–18 Jahre 45 €, Kinder 6–15 Jahre 33,50 €, Familien ab 70 €. Kombitickets mit weiteren Bergbahnen wie Gletscherticket oder Gatterlticket (siehe Website) erhältlich.

56 Burgenwelt Ehrenberg und Highline 179 ★★★ [E4]

Eine Mischung aus Nervenkitzel und Mittelalter-Feeling erwartet Besucher der Burgenwelt Ehrenberg. Denn hier bietet sich die Möglichkeit, über eine mehr als 400 m lange Hängebrücke zu schreiten, die bewegte Geschichte der Burg kennenzulernen und den Blick über die majestätische Berglandschaft schweifen zu lassen.

Der Burgkomplex diente seit dem 13. Jh. der Sicherung dieses enorm wichtigen Übergangs von Tirol ins bayerische Schwaben. Kein geringerer als **Meinhard II. von Görz-Tirol** ließ bereits 1268 das erste Bollwerk gen Norden errichten. Im Laufe der Jahrhunderte war der Kontrollpunkt Zankapfel zwischen Bayern und Tirolern: 1645 entstand auf dem gegenüber der **Burg Ehrenberg** gelegenen, strategisch wichtigen Bergrücken das **Fort Claudia,** benannt nach der gleichnamigen Tiroler Erzherzogin. Ein letzter großer Ausbau der Burganlage erfolgte Ende des 18. Jh., ehe der Komplex im 19. Jh. nach und nach an Bedeutung verlor und dem Verfall preisgegeben war.

Zum Glück besteht der heutige Nervenkitzel nicht mehr aus Schlachtgetümmel und Pulverdampf, sondern aus dem Überwinden eines 114 m hohen Abgrundes zwischen Burg und Fort. Seit 2014 lockt die **Hängebrücke Highline 179** jährlich tausende Besucher an. Das im Stile einer Tibetischen Hängebrücke erbaute technische Wunderwerk ist 406 m lang, 70 t schwer und kann bis zu 500 Personen gleichzeitig tragen – selbst bei Windgeschwindigkeiten von bis zu 60 km/h. Den Zusatz 179 trägt sie, da sie die unterhalb verlaufende B179 zwischen Fernpass und Reutte 57 überquert. **Schwindelfrei** sollte man schon sein und im Gegensatz zu anderen Tiroler Hängebrücken – etwa der Holzgauer Hängebrücke im Lechtal 60 – kostet sie Eintritt.

Wer sich allein für die Burgenwelt interessiert und auf schwindelerregende Höhen verzichten möchte, kann den Burgkomplex auf einem **Rundweg** erwandern. Alternativ nutzt man den **Schrägaufzug Ehrenberg Liner.** Er verbindet das Besucherzentrum im Tal mit der 110 m höher gelegenen Haltestelle am Hornwerk, von wo aus man auf einem flachen Weg barrierefrei zur Hängebrücke gelangt.

Nicht unerwähnt bleiben sollte das **Erlebnismuseum „Dem Ritter auf der Spur“** in der **Festung Klause** beim Besucherzentrum, in dem das Mittelalter in 14 Räumen mittels modernster Technik anschaulich vor Augen geführt wird – unter anderem klappern in der Pestkammer Skelette mit ihren Knochen.

- **Anfahrt:** über die B179 bis Ausfahrt Burgenwelt Ehrenberg, alternativ vom Bhf. Reutte 57 derzeit nur Hinfahrt mit Bus 150 oder 151 bis Station „Reutte Abzweig Ehrenberger Klause“; Rückfahrt nur mit Taxi möglich
- **Burgenwelt Ehrenberg,** Klause 1, Reutte, Tel. 05672 62007, www.ehrenberg.at. Besucherzentrum/Ticketverkauf tägl. 9–18, im Winter 10–16 Uhr
- **Übersichtsplan:** www.ehrenberg.at/de/uebersichtsplan.html
- **Highline 179,** www.highline179.tirol, geöffnet: tägl. 8–22 Uhr (im Winter teilweise kürzer), Eintritt: 8 €, Kinder 4–14 Jahre 5 €, Familie 24 €, ermäßigte Tickets nur im Besucherzentrum, Normaltickets auch am Automaten direkt an der Brücke
- **Schrägaufzug Ehrenberg Liner,** geöffnet: tägl. 8–22 Uhr, Berg- und Talfahrt 7 €, Kinder 4–14 Jahre 5 €, erm. 5,50 €, Familie 22 €, Kombiticket mit Highline 179 15 €/10 €/10,50 €/46 €, ermäßigte Tickets nur im Besucherzentrum
- **Erlebnismuseum „Dem Ritter auf der Spur“**, geöffnet: tägl. 10–19.30 Uhr, Eintritt: 8 €, Kinder 4–14 Jahre 4,20 €, erm. 6,50 €, Familie 19 €

57 Reutte ★ [E3]

Die Marktgemeinde mit rund 7000 Einwohnern ist das **politische, wirtschaftliche und kulturelle Zentrum des Außerfern.** Seine geografische Lage zwischen Allgäu und Inntal machten den Ort bereits in der Antike zu einem bedeutenden Handelsstützpunkt.

Der **Salzhandel** und der damit verbundene Frachtverkehr im 18. Jh. brachte Geld nach Reutte, was man noch heute an den stolzen Bürgerhäusern im Ortszentrum ablesen kann, von denen viele unter Denkmalschutz stehen. Sie besitzen hübsche Giebel und Erker sowie alte Fassadenmalereien, die großteils von

Nervenkitzel für Schwindelfreie: die Hängebrücke Highline 179

dem heimischen Künstler **Johann Jakob Zeiller** (1708–1783) stammen. Dementsprechend sind die Bauten als **Zeiller-Häuschen** bekannt.

Im Zentrum lohnt sich ein Besuch der **Pfarrkirche St. Anna**, bis 2014 Klosterkirche des hier ansässigen Franziskanerklosters, und des **Heimatmuseums im Grünen Haus** aus dem 16. Jh.

Reutte kann auf eine lange touristische Tradition zurückblicken und fungiert als idealer **Ausgangspunkt für Ausflüge** an den Plansee 58, zur Zugspitze 55 oder ins Lechtal 60, auch dank seiner guten Infrastruktur und Gastronomie. Bei schlechtem Wetter finden Wellness-Liebhaber vielleicht an einem Besuch der **Alpentherme Ehrenberg** Gefallen.

› www.reutte.com

96 Museum im Grünen Haus, Untermarkt 25, www.museum-reutte.at, Tel. 05672 72304, geöffnet: Di.–Sa. 13–17 Uhr, Eintritt: 4 €, erm. 3 €

› www.alpentherme-ehrenberg.at

97 Tourismusverband Naturparkregion Reutte, Untermarkt 34, Tel. 05672 62336, geöffnet: Mo.–Fr. 8–17, Sa. 8–12 Uhr. Infos über die Region um Reutte inkl. Plansee 58.

58 Plansee ★ [F3]

Der Plansee wenige Kilometer östlich von Reutte 57 ist neben dem Achen- 14 und dem Fernsteinsee 45 eines der schönsten Gewässer Tirols – allein schon wegen seines türkisgrünen, klaren Wassers. Er erstreckt sich auf einer Länge von 5 km und einer Breite von 1,7 km, besitzt eine Wassertiefe von 78 m und ist damit **Tirols zweitgrößter natürlicher See.**

Bereits im Mittelalter galt er als eines der besten **Fischgewässer** Tirols und auch heute noch ist der See für seine hervorragende Wasserqualität und die vielen Fischarten wie Bachforelle oder Seesaibling bekannt. Im Sommer ist der Plansee beliebt bei **Wassersportlern** wie Tauchern und Bootfahrenden sowie bei Badegästen. Mehr als 20 °C erreicht der Alpensee jedoch auch im Hochsommer nur selten – nach einer schweißtreibenden Wanderung also eine ideale Erfrischung.

Siedlungen, **Strandbäder** und eine Straße in Richtung Ammerwald sowie **Schloss Linderhof** in Bayern finden sich ausschließlich am **nördlichen Seeufer.** Die touristischen Zentren sind der westlich gelegene Campingplatz **Seespitz** samt Hotel und Badestrand sowie das östlich gelegene **Hotel Forelle** mit Strandbad, Kiosk und Campingplatz (hier Parkgebühr von 4 € pro Tag).

Seit 1803 ist der Plansee mittels eines 300 m langen **Kanals** mit dem südwestlich gelegenen, etwas kleineren **Heiterwanger See** [E4] verbunden. Mit dem Fahrzeug erreicht man

Idylle und glasklares Wasser: am Ufer des Plansees

diesen über den Ort Heiterwang südlich von Reutte. Vom Hotel **Fischer am See** in Heiterwang verkehren **Ausflugsschiffe**, die Station an den Hotels Seespitz und Forelle machen.

Auf der Straße zwischen Reutte und dem Plansee gibt es mit den **Stuibenfällen** eine weitere Attraktion. Vom Parkplatz bei der Hubertuskapelle führt ein Rundweg zu zwei wildromantischen Wasserfällen.

› **Ausflugsschiffe:** www.fischeramsee.at/seehotel/schifffahrt

59 Tannheimer Tal ★ [C3]

Zwischen Weißenbach am Lech und dem bayerischen Grenzübergang bei Bad Hindelang erstreckt sich mit dem Tannheimer Tal eine **beliebte Touristenregion** des Außerfern. Zum Baden eignet sich der **Haldensee** [D3] etwa in der Mitte des Tals.

Hauptort und Namensgeber ist der Ort **Tannheim** mit seiner sehenswerten **Barockkirche St. Nikolaus**, einer der größten Dorfkirchen Tirols.

Genussfahrt über das Hahntennjoch

Eine der schönsten Passstraßen Tirols führt vom Lechtal 60 über das **Hahntennjoch** [D6] nach Imst 43 im Oberland. Gleich in mehrfacher Hinsicht lohnt sich die Fahrt: Einerseits natürlich wegen der herrlichen Berggipfel und der spektakulären Felswände, denen man ganz nahekommt. Daneben passiert man in der Gemeinde Pfafflar auch eines der schönsten und ursprünglichsten Bergdörfer Tirols: den Ort **Bschlabs** [D5] auf 1314 m Höhe. Mit seinem weißen Kirchturm mit Zwiebelhaube und den alten Bergbauernhöfen wirkt das Dorf mit seinen nicht einmal hundert Einwohnern wie für ein Tiroler Werbeplakat gemacht. Der Refrain des für Bschlabs komponierten Heimatliedes bringt es auf den Punkt: „Es gibt an stillen Fleck im schönen Tirol, das ist das Bschlabsertal, da fühlt man sich wohl. Dort wo der Kuckuck ruft und wo der Gamsbock springt, ja dort ist Bschlabs, ganz von Bergen umringt.“ Im Mittelalter wurde der Ort von Religionsflüchtlingen aus dem Schweizer Engadin besiedelt. Erst seit 1938 existiert eine Autostraße, seit 1954 hat die Gemeinde elektrischen Strom. Sehenswert ist die **Wallfahrtskirche Maria Schnee** mit ihrem kleinen Friedhof. Gegenüber bietet sich der empfehlenswerte **Gasthof zur Gemütlichkeit** für eine Einkehr an.

Noch etwas kleiner ist der Ort **Boden** [D6] mit der Kirche zum hl. Josef. Auf dem Weg zur Passhöhe passiert man einige uralte unbewohnte Almdörfer. Die Landschaft wird nun nach und nach immer wilder und es geht über etliche Kehren hinauf zur Passhöhe, die auf 1894 m Höhe liegt.

Auf dem Weg bergab in Richtung Imst ist die Natur nicht weniger spektakulär. Die vielen Warnschilder erzeugen jedoch auch ein leicht mulmiges Gefühl. Bei schlechtem Wetter kann der Pass kurzfristig aufgrund von Murenabgängen (Erdrutschen) und Steinschlaggefahr gesperrt werden. Zwischen November und Ende April besteht eine generelle Wintersperre. Die erst 1969 fertiggestellte Passstraße ist kostenlos befahrbar.

99 **Gasthof zur Gemütlichkeit** €-€€, Bschlabs 31, Bschlabs, Tel. 05635 259, www.gemuetlichkeit.at, geöffnet: Mitte Mai–Mitte Okt. tägl. außer Di. Authentisches Tiroler Wirtshaus mit sehr guter Küche und Freiluftterrasse.

Von Tannheim führt eine kleine Straße in Richtung Süden zu dem rund 4 km entfernten **Naturschutzgebiet Vilsalpsee** [C4], einem unberührten Stück Tiroler Natur mit seltenen Orchideenarten, das auch als höchstgelegenes Brutgebiet des Haubentauchers gilt. Am Nordufer des Sees gibt es einen gebührenpflichtigen **Parkplatz**, von hier sind **Wanderungen** möglich.

› www.tannheimertal.com

60 Lechtal ★★ [C5]

Während der Außerfern rund um Reutte 57, am Plansee 58 und in der Zugspitzregion 55 ein von Reisenden viel besuchtes Gebiet darstellt, ist das Lechtal, das sich in Richtung Vorarlberg erstreckt, eher dünn besiedelt. Hier hat sich der Tourismus etwas sanfter entwickelt als in anderen Tiroler Hotspots. Vielleicht schätzen viele Stammgäste die nordwestliche Tiroler Region genau deshalb.

Im Gegensatz zu Bayern, wo man den **Lech** großteils begradigt und aufgestaut hat, darf er auf Tiroler Seite wild fließen. Eingebettet zwischen den Allgäuer und **Lechtaler Alpen** liegt der 41 m² große **Naturpark Lech.** Aufgrund seiner natürlichen Dynamik und freien Gestaltungskraft bildet der Gebirgsfluss großflächige Schotter- und Sandflächen, die sich ständig verändern – verbunden mit einer einzigartigen Flora und Fauna aus Auengehölzen und seltenen Pflanzen sowie Tieren. Auf den Schotterflächen kann man die Seele baumeln lassen, Steintürmchen bauen oder nach Schwemmholz Ausschau halten. Lohnend ist eine **Wanderung** entlang des **Lechwegs** (s. S. 117). Aber auch **Radfahrer** fühlen sich hier wohl.

Ein **Infohäuschen** über den Naturpark befindet sich in der Mitte der 87 m langen **Klimmbrücke bei Elmen** [D5]. Charakteristisch für die Landschaft im Lechtal sind die kleinen, teils sehr alten Scheunen, **Heupillen** genannt, die wie schwarze Häuschen auf den Wiesen verteilt sind.

Einer der Hauptorte des Tals ist **Elbigenalp** [C6]. Neben der schmucken, auf freiem Feld stehenden barocken **Pfarrkirche St. Nikolaus** ist der Ort bekannt für die **Geierwally Freilichtbühne** in der wildromantischen **Bernhardstalschlucht.** Der Tiroler Dramatiker **Felix Mitterer** entwickelte Anfang der 1990er-Jahre das Bühnenstück „Die Geierwally" und sorgte dafür, dass der Stoff wieder an seinen Ursprungsort zurückkehrte. In Elbigenalp wurde nämlich 1842 Anna Stainer-Knittel geboren, deren Leben die historische Grundlage für den Heimatroman „Geier-Wally" der bayerischen Schriftstellerin Wilhelmine von Hillern bildete. Mitterer war auf der Suche nach einer authentischen Kulisse und wurde am Eingang der Bernhardstalschlucht fündig. Die Aufführungen finden im Juli und August statt.

Ein weiterer Ort im Tal – schon kurz vor der Grenze zu Vorarlberg – ist **Holzgau** [B6]. Aufgrund seines malerischen Ortsbilds mit aufwendig bemalten Häusern gilt er als „Perle des Lechtals". Eine Hauptattraktion ist die **Holzgauer Hängebrücke**, welche die **Höhenbachtalschlucht** überspannt und kostenlos begehbar ist.

98 **Geierwally Freilichtbühne**, Dorf, Elbigenalp, Tel. 05634 531512, www.geierwally.at

096mt-tw © TVB Tannheimer Tal/Ehn Wolfgang

Baden und Wassersport

Tirol ist zwar das Land der Berge und der Skifahrer, Bergsteiger sowie Wanderer, entwickelt sich aber aufgrund der zunehmend heißen Sommer auch immer mehr zum Eldorado der Wasserratten. Neben kleinen Gebirgs- und Baggerseen eignen sich folgende Seen besonders für Badeurlaub und Wassersport:

Tirols größtes Gewässer, der **Achensee** 14, zeichnet sich durch sein besonders klares und sauberes Wasser aus und erreicht im Hochsommer Temperaturen von immerhin 22 °C. Besonders beliebt ist er bei **Surfern und Seglern.** Etwas frischer zeigt sich der **Plansee** 58 bei Reutte 57 – als Abkühlung nach einer schweißtreibenden Wanderung vielleicht genau das Richtige. Kühle Erfrischung verspricht auch der **Fernsteinsee** 45; nur Mutige werden sich angesichts kühler Temperaturen hineinwagen. Dafür ist er einer der klarsten Seen Tirols und besonders bei **Tauchern** beliebt (nur für Hotelgäste ab zwei Übernachtungen möglich!). Neben den ausgewiesenen Badeflächen für Camping- und Hotelgäste gibt es auch frei zugängliche Badestellen. Deutlich wärmer im Sommer und von Familien geschätzt wird der **Walchsee** 6 bei Kufstein 1: Als „Badewanne Tirols" erreicht er im Sommer bis zu 25 °C.

097mt-tw © Alpbachtal Tourismus

Radfahren

Radfahren bedeutet in Tirol häufig **Mountainbikefahren.** Dazu benötigt man einiges an Kondition. Nicht alle Bergwege sind für Mountainbikes zugelassen, weshalb man sich auf **ausgewiesene Mountainbike-Stecken** beschränken sollte.

Gemäßigtes Fahrradvergnügen genießt man im Lech- 60 oder im Inntal. Sehr beliebt sind der **Lechtalradweg** und der **Innradweg**, der dem Verlauf des Inns von der Quelle in der Schweiz bis zur Mündung in Passau folgt. Ein erheblicher Teil der Strecke verläuft durch Tirol.

› **Infos:** www.innradweg.com, http://lechtalradweg.de

« Vorseite: Etliche Tiroler Seen – wie hier im Tannheimer Tal 59 – laden zum Rudern ein

‹ Kleine Verschnaufpause am Bischofer Joch im Alpbachtal (s. S. 42)

Wandern

Wander- und Bergführer über die unterschiedlichen Regionen und Täler Tirols füllen ganze Bibliotheken und vermutlich müsste man sein Leben lang zwischen Kufstein 1 und Galtür 54 Urlaub machen, um all die schönen Wanderwege zu begehen und die vielen hundert Gipfel zu besteigen. Da dies den Rahmen dieses Buches sprengen würde, soll an dieser Stelle für die verschiedenen Teilregionen Tirols nur je eine spannende Route, also eine echte Genusstour erwähnt werden. Jede Menge weitere Tipps für Tiroler Wanderspaß liefern die folgenden **Internetseiten:**

- www.hoehenrausch.de
- www.bergfex.at
- www.almenrausch.at

MEIN TIPP

Wellness-Vergnügen an Regentagen

In Längenfeld [G8] lockt **Tirols größter Wellnesstempel** namens Aqua Dome: Auf 22.000 m² stehen den Badegästen zwölf Innen- und Außenbecken mit 34–36 °C warmem Wasser zur Verfügung. Neben dem **Thermalbad** gibt es einen großen Freiluftbereich. Es gibt extravagante architektonische Schwebeschalen mit Wasserbecken und ein Solebecken, außerdem eine große Saunawelt, ein Kinderareal und jede Menge Wellness-Angebote.

- 100 **Aqua Dome,** Oberlängenfeld 140, Längenfeld, Tel. 05253 64006001, www.aqua-dome.at/de/therme, geöffnet: tägl. 9–23 Uhr, Eintritt: verschiedene Tages- und Familienkarten, 3 Std. ab 31 €, Kinder 16 €

Unterland: Wanderung zum Kranzhorn

Diese leichte bis mittelschwere Bergtour führt hinauf zu einem der schönsten Aussichtsberge im **unteren Inntal.** Das **Kranzhorn** [P1], der Hausberg von Erl 5, und der gegenüberliegende **Wildbarren** [O1] bilden so etwas wie das letzte große Alpentor, ehe sich der Inn in das flachere Bayernland ergießt. Auf dem Grenzberg stehen gleich **zwei Gipfelkreuze:** ein Tiroler und ein bayerisches Kreuz.

Vom **Wanderparkplatz Kranzhorn** oberhalb von Erl folgt man dem beschilderten Weg zunächst gemächlich durch den Bergwald, bis man nach 15 Minuten einige urtümliche Almen erreicht. Hier wendet sich der Weg nach links und führt in einer Stunde in mehreren Kehren über Kuhwiesen und Waldstücke bis hinauf zur **Kranzhornalm** unterhalb des Gipfels, einer urigen Alm mit sonnigen Plätzen mitten auf einer Kuhweide. Eine **Einkehr** dort sollte man noch kurz verschieben und zunächst den **Gipfel** erklimmen, der nur noch ca. 20 Minuten entfernt ist. Es geht über einen kleinen, etwas steileren **Steig** hinauf zu einem geheimnisvoll wirkenden Platz mit einer Vertiefung und der alten **Kranzhornkapelle.** Die letzten Meter zum Gipfel verlangen etwas **Trittsicherheit** und Schwindelfreiheit, da es gleich hinter den Gipfelkreuzen steil bergab geht. Der **Ausblick** ins Inntal und hinüber nach Bayern ist fantastisch. Kein Wunder, dass sich um das Kranzhorn auch etliche **Sagen** ranken: So soll angeblich im Berg ein Goldschatz verborgen sein. Der **Rückweg** führt auf gleichem Wege über die Kranzhornalm zurück zum Parkplatz.

- **Anfahrt:** von Erl 5 über den Erlerberg eine kleine und im letzten Abschnitt teilweise nur einspurige Straße (Ausweichbuchten), bei der Straßenteilung links halten bis zum Wanderparkplatz Kranzhornhütte (gebührenpflichtig, Automat)

› **Hin- und Rückweg:** ca. 3 Std., mit Gipfelpause und Einkehr ca. 5 Std., www.kranzhorn.at

› **Sagen über das Kranzhorn:** www.sagen.at/texte/sagen/deutschland/bayern/inntal/kranzhorn.html

Zillertal: Von Mayrhofen zur Teufelsbrücke

Diese spannende, etwa anderthalbstündige Wanderung führt im bezaubernden Zillertal (20) von **Mayrhofen** (22) hinauf zur sagenumwobenen Teufelsbrücke. Der beschilderte Weg führt zunächst am Ufer des Flusses **Ziller** entlang. Vorbei an Hotels, alten Scheunen und Bauernhäusern geht es weiter am **Tuxbach** entlang bergauf, der hier eine tiefe **Klamm** bildet. Das reizvolle Naturschutzgebiet oberhalb der Klamm heißt **Glocke.** Es besteht aus einem schönen Buchen- und Lindenwald mitsamt vielfältiger Vegetation. Bald erreicht man die **Teufelsbrücke.** Die denkmalgeschützte Holzbrücke aus dem 19. Jh. gewährt einen atemberaubenden Blick in die fast 50 m tiefe Schlucht des Tuxbachs. Ein wenig mulmig kann einem beim Überschreiten der Brücke schon werden. Das mag auch mit einer **Sage** zusammenhängen, der zufolge der Holzsteg vom Teufel selbst errichtet worden sei. Als Tribut verlangte er von der Bevölkerung das erste Lebewesen, das den Steg überqueren würde. Die listigen Tiroler jagten einen alten Ziegenbock über die Brücke, woraufhin der Leibhaftige sich vor Wut an dessen Hörner krallte und mit ihm in die Unterwelt verschwand.

Unweit der Teufelsbrücke befindet sich eine **Busstation,** von der aus man zurück nach Mayrhofen gelangt.

Innsbruck: Zirbenweg

Diese Genusswanderung zählt zu den schönsten Höhenwanderungen in den Alpen. Auf 7 km Länge und über 2000 m Höhe geht es vorbei an uralten **Zirben (Bergkiefern)**, eine fantastische Aussicht auf Innsbruck (25), das Inntal und in alle Himmelsrichtungen inklusive.

Alpiner Höhepunkt am Gipfelkreuz: hier der Gipfel der Serles (2718 m)

060mt-se

Die etwa sechsstündige Überschreitung des Höhenrückens zwischen **Patscherkofel** 34 und **Glungezer** [K6] ist in beide Richtungen möglich: Entweder fährt man von **Igls** [J6] mit der Patscherkofel-Seilbahn bis zur Bergstation und startet von dort aus oder man beginnt die Tour in entgegengesetzter Richtung ab **Tulfes** [K6] mit der Glungezerbahn. Der Kammweg ist gut ausgeschildert. Zwischen Tulfes und Igls bestehen in den Sommermonaten regelmäßige Busverbindungen. Eine Wanderung ist von Mai bis Oktober möglich.

› **Infos:** www.glungezerbahn.at, www.patscherkofelbahn.at

Oberland: Starkenberger Panoramaweg

Unter dem Motto „Der Weg ist das Ziel" kann man auf dieser Wanderroute **sechs Tage lang** das Tiroler Oberland zwischen Fernpass [F5] und Landeck 51 erwandern oder sich auf einzelne **Etappen** beschränken. Stationen sind etwa Imst 43 und die Ruine Kronburg (s. S. 101). Bei diesem Weg zählen weniger die Gipfel als vielmehr die **Mischung aus Kultur und Naturerlebnis.**

› **Infos:** https://starkenberger-panoramaweg.at

Außerfern: Lechweg

Wie wäre es mit einem langen und moderaten **Weitwanderweg durch das Lechtal** 60? Der Lechweg führt auf insgesamt 125 km Länge von der Quelle des Alpenflusses in Vorarlberg bis zum Lechfall in Füssen im Allgäu (Bayern), wobei der Großteil des Weges durch Tirol verläuft. Unter anderem passiert man eine der größten **Steinbock-Kolonien** Europas und die spektakuläre **Holzgauer Hängebrücke** (s. S. 112). Wirklich verlaufen kann man sich nicht: Ein **weißes L** weist etwa alle 250 m den Weg und es geht immer grob am Lech entlang. Selbstverständlich kann man sich auch auf einzelne **Etappen** beschränken.

› **Infos:** www.lechtal.at/sommer/der-lechweg

Wintersport

Was wäre Tirol ohne seine Skigebiete? Wie kaum eine andere europäische Region ist man in Tirol vom Wintertourismus abhängig. Millionen Übernachtungen und Skiorte, die im Winter oft das zehnfache der eigenen Bevölkerung als Gäste beherbergen, sind ein eindeutiger Beleg hierfür.

Da es sich bei diesem Buch in erster Linie um einen Ratgeber für die warme Jahreszeit handelt, sollen im Folgenden nur einige ausgewählte **Ski- und Langlaufgebiete** vorgestellt werden:

› **Rundloipe Vilsalpsee** [C4], beliebte, landschaftlich reizvolle Langlaufstrecke im Tannheimer Tal 59 (13 km, Ausgangspunkt: Touristinformation Tannheim)

› **Skigebiet Kühtai** [G6], www.kuehtai.info. Rund 25 Autominuten von Innsbruck 25 entfernt, rühmt sich dieses Skigebiet, Österreichs höchstgelegenes abseits der Gletscher zu sein. Insofern wird hier Pistenspaß bis weit in den Frühling hinein geboten. Anfahrt: Bus 4166 von Innsbruck Hbf. bis Kühtai.

› **Skigebiet Nordkette** 30, www.nordkette.com. Klein, aber oho – so könnte man dieses Skigebiet vor den Toren Innsbrucks bezeichnen. Die Abfahrt vom Hafelekar zur Seegrube zählt mit einem Gefälle von 70 % zu den anspruchsvolls-

098mt-tw © Tirol Werbung_Moore Casey

ten und steilsten Skirouten Europas und sollte von Anfängern tunlichst gemieden werden. An der Seegrube gibt es zusätzlich sechs Pisten und den Skylinepark für Snowboarder. Die Hauptabfahrt von der Seegrube zur Hungerburg ist etwas für Genussskifahrer. Anfahrt: mit der Hungerburgbahn, von der Station Congress in der Innenstadt erreicht man die Talstation der Kabinenseilbahn innerhalb weniger Minuten.

› **Skigebiet Patscherkofel** 34, www.patscherkofelbahn.at. Hier kann man vom Stadtteil Igls aus in der Tradition der Winterathleten von 1964 und 1976 die Olympiaabfahrt mit den eigenen Brettern bewerkstelligen. Neben der 2017 errichteten Seilbahn gibt es einige Sessel- und Schlepplifte. Anfahrt: Buslinie J bis Endstation Patscherkofel.
› **Skigebiet St. Anton am Arlberg** [B7], www.skiarlberg.at/de. Riesiges Skigebiet im äußersten Westen des Tiroler Oberlandes mit 302 Pistenkilometern. Der Wintersportort gilt als Wiege des alpinen Skilaufs.
› **Stubaier Gletscher** [H9], www.stubaier-gletscher.com. Österreichs größtes Gletscherskigebiet bietet auf 3000 Höhenmetern fast das ganze Jahr über beste Verhältnisse für Skifahrer. Anfahrt: Buslinie 590 von Innsbruck Hbf. bis Neustift im Stubaital-Mutterbergalm.

Viele machen in Tirol ihre ersten Skierfahrungen, wie hier im Ötztal 46

Weitere Aktivitäten

Tirol ist ein Eldorado für Kletterfans. **Klettersteige** aller Schwierigkeitsgrade sind über das ganze Bundesland verteilt. Beliebt sind neben dem Kaisergebirge [P–R2] oder Klettergebieten im Ötztal 46 insbesondere die Region Innsbruck 25 mit der Nordkette 30 und die Zugspitze 55.

Aufgrund seiner wilden Gebirgsflüsse und spektakulären Schluchten ist Tirol auch ein beliebtes Ziel für Wildwasseraktivitäten. Zum **Rafting** eignen sich unter anderem die Ötztaler Ache oder die Imster Schlucht am wilden Inn zwischen Imst 43 und Roppen [F6]. **Canyoning** wird unter anderem in der Alpenrosenklamm und der Oberen Auerklamm angeboten, beide im unteren Ötztal gelegen, oder in der Hachle-Schlucht oberhalb der Rosengartenschlucht 44 bei Imst.

Gleitschirm- und Drachenfliegen sind etwa in der Kaiserregion oder im Zillertal 20 möglich.

Die Alpenregion verfügt zudem über etliche **Golfplätze**, u. a. rund um Kitzbühel 8 und Seefeld 40.

› **Klettern:** www.tirol.at/klettern
› **Rafting:** www.wasser-c-raft.at
› **Canyoning:** www.tirol.at/reisefuehrer/sport/canyoning
› **Drachenfliegen:** www.tirol.tl/de/freizeit-aktiv/sportangebot/paragleiten-drachenfliegen

TIROL ERLEBEN

061mt-se

Events, Feste und Folklore

Tirol ist ein katholisch geprägtes Land. Insofern nehmen die kirchlichen Feste im Jahresverlauf einen sehr wichtigen Platz ein. Gleichwohl haben sich katholisches und vorchristliches Brauchtum in Tirol über Jahrhunderte vermischt – davon zeugen unter anderem die uralten Fasnachtsbräuche. Im Sommer ist ständig irgendwo etwas los: von der Sonnwendfeier über lokale Bierfeste bis hin zu Kulturevents in größeren Städten oder den Almabtrieben im Frühherbst. Berühmt ist Tirol natürlich auch für seine winterlichen Sportveranstaltungen – man denke nur an das Kitzbüheler Hahnenkamm-Rennen oder die Vier-Schanzen-Tournee, die regelmäßig in Innsbruck 25 Station macht.

Einen tagesaktuellen **Veranstaltungskalender** liefert diese Website:

- www.tirol.at/reisefuehrer/veranstaltungen/events

Frühling und Sommer

- **Gauderfest** (Mai, www.gauderfest.at): An vier Tagen geht in Zell am Ziller [N6] eines der größten Frühlings- und Trachtenfeste über die Bühne. Neben Volksmusikgruppen erfreuen sich die rund 30.000 Besucher auch am Gerstensaft und an den Tiroler Schmankerln.
- **Sonnwendfeuer** (Mitte Juni, www.tirol.at/reisefuehrer/kultur-leben/brauchtum/sonnwend-herz-jesu-feuer): An den längsten Tagen des Jahres lodern zu Sonnenuntergang überall in Tirol große Feuer und beleuchten die Berge auf magische Art und Weise. Teilweise werden beim **Bergleuchten** ganze Hänge in eine Fläche leuchtender Symbole verwandelt.
- **Festwochen der Alten Musik** (Juli/Aug., www.altemusik.at): Renaissance und Barock haben Innsbruck geprägt. Dies drückt sich auch in den Festwochen aus, zu denen Liebhaber der Alten Musik von weither anreisen. Werke von Komponisten wie Paul Hofhaimer, Heinrich Isaac oder Pietro Antonio Cesti kommen zur Aufführung.
- **Tiroler Festspiele** (Juli, www.tiroler-festspiele.at). Im Passions- und Festspielhaus der kleinen Gemeinde Erl 5 an der bayerischen Grenze finden hochkarätige Opern und Konzerte statt (auch Winterfestspiele).
- **Passionsspiele Erl** (Mai–Okt.): alle sechs Jahre ebenfalls in Erl, das nächste Mal 2025 (s. S. 26)

Herbst und Winter

- **Almabtriebe** (Sept., www.tirol.at/reisefuehrer/kultur-leben/brauchtum/almabtriebe): In vielen Tiroler Orten werden die mit Blumen geschmückten Kühe feierlich von den Almen in die Täler geleitet.
- **Lumagica Ehrenberg** (Dez.–Feb., https://lumagica.at/ehrenberg): Im Winter verwandelt sich die Burgenlandschaft Ehrenberg 56 bei Reutte 57 in einen märchenhaften Lichterpark.
- **Adventsmärkte** (Dez.): Überall in Tirol finden romantische Weihnachtsmärkte statt – etwa die Innsbrucker Bergweihnacht (www.christkindlmarkt.cc) oder der Rattenberger Advent in Rattenberg 13.
- **Vier-Schanzen-Tournee** (Jan.): Die wohl berühmteste Skisprungveranstaltung der Welt macht Station am Bergisel 32.
- **Hahnenkamm-Rennen** (Jan., https://hahnenkamm.com): Ende Januar wird Kitzbühel 8 regelmäßig zum Zentrum

Vorseite: Süße Verführungen im Innsbrucker Café Munding (s. S. 62)

der Alpenrepublik, wenn sich die Skistars die Streif hinunterstürzen.

- **Tiroler Fasnacht** (Jan./Feb.): Insbesondere im Tiroler Oberland finden uralte Fasnachtsumzüge statt, teilweise nur alle paar Jahre. Beim Fisser Blochziehen, beim Telfer **Schleicherlaufen** (alle fünf Jahre, nächster Termin: Feb. 2025, www.schleicherlaufen.at) oder beim Schemenlauf in Imst 43 und Nassereith werden kunstvoll gestaltete Masken präsentiert.

Tirol kulinarisch

Was für die Bayern die Weißwurst, ist für die Tiroler ihr **Speck**. Neben dem **Bergkäse** darf er bei einer klassischen **Jause**, wie die Brotzeit hier genannt wird, keinesfalls fehlen. Viele Bauern stellen ihren Speck nach uralten überlieferten Geheimrezepten her, speziell was die Gewürzmischung und die Art des Räucherns angeht. Man legt Wert darauf, dass

Besondere Fasnachtstradition: das Schleicherlaufen in Telfs [H5]

Feiertage

In Österreich bzw. Tirol gibt es sehr viele Feiertage. Darunter sind viele katholische, die sich größtenteils mit denen des Nachbarlandes Bayern und teilweise auch mit gesamtdeutschen Feiertagen überschneiden.

- 1. Jänner (Januar): **Neujahr**
- 6. Jänner (Januar): **Dreikönigstag**
- **Karfreitag**
- 19. März: **Sankt Josef** (nur für Schulen und Behörden)
- **Ostersonntag** und **Ostermontag**
- 1. Mai: **Tag der Arbeit**
- **Christi Himmelfahrt**
- **Pfingstsonntag** und **Pfingstmontag**
- **Fronleichnam**
- 15. August: **Mariä Himmelfahrt**
- 26. Oktober: **Österreichischer Nationalfeiertag**
- 1. November: **Allerheiligen**
- 8. Dezember: **Mariä Empfängnis** (manche Geschäfte haben dennoch geöffnet)
- 25. Dezember: **Weihnachten (Christtag)**
- 26. Dezember: **Weihnachten (Stephanitag)**

063mt-se

Die Tiroler Küche ist köstlich und facettenreich

der Tiroler Speck nicht zum Einheitsprodukt verkommt und achtet auf Vielfalt. Durch seine Haltbarkeit eignet er sich auch als Mitbringsel und kann in ganz Tirol gekauft werden.

Fehlen darf er auch nicht in den traditionellen **Tiroler Speckknödeln.** Sie werden entweder in der Suppe, mit Salat, mit Kraut, Pilzen oder zusammen mit anderen Knödelvariationen angeboten – Tirol ist **Knödelland:** Spinatknödel, Kaspressknödel (flach gepresste Knödel aus Knödelbrot und Käse), Semmelknödel mit Rahmschwammerl (Pilzen), Rohnenknödel (Rote-Bete-Knödel) mit Parmesan – die Fantasie der Köche kennt keine Grenzen.

Viele **Käsesorten** werden in Tirol mit **Heumilch** hergestellt. Dabei verzichten die Bauern bei der Fütterung der Tiere auf Silofutter und erhöhen dadurch die Qualität der Milch. Die Fütterung mit Gras, Futtergetreide und duftendem Heu im Winter bildet die Grundlage für die köstliche Heumilch.

Beliebte **Fleischgerichte** sind das Tiroler Gröstl, ein Pfannengericht aus Kartoffeln, Rindfleisch und Zwiebeln, das oft mit Spiegelei serviert wird, Zwiebelrostbraten und Wildspezialitäten. Schon vor vielen Jahren hat sich ein verstärktes Bewusstsein für regionale und biologisch produzierte Produkte sowie für saisonale Speisen entwickelt.

Der kulinarische Brauch des **Törggelen** ist zwar hauptsächlich in Südtirol verbreitet, findet aber auch in Nordtirol immer mehr Nachahmer: In den Monaten Oktober und November werden saisonale Schmankerln als Menü angeboten, darunter gebratene Kastanien, Wildgerichte und Krapfen.

Zum Essen trinkt man in der Regel Bier, Wein (aus Südtirol oder Ostösterreich) oder gespritzte Fruchtsäfte (Schorlen). Bekannte Tiroler **Brauereien** sind unter anderem Starkenberger aus der Nähe von Imst 43 oder Zillertaler aus Zell am Ziller. Zum Abschluss eines deftigen Tiroler Essens empfiehlt sich ein *Stamperl* (Glas) Schnaps. In ganz Tirol blickt man auf eine lange Tradition in der Destillerie feiner **Edelbrände** zurück. Egal ob Apfel, Birne, Zwetschge oder Vogelbeere – aus den Früchten der Gegend entstehen zum Teil preisgekrönte Wässerchen.Teilweise gibt es auch besondere regionale Delikatessen, wie etwa den Zirbenschnaps oder den Galtürer **Enzian** (s. S. 106). Besonders zünftig ist das „Schnapseln" in Gasthöfen oder Berghütten.

Während im ländlichen Bereich noch immer **Gaststätten** mit Tiroler Küche dominieren, gibt es in Städten wie Innsbruck 25, Kufstein 1 oder Hall 36 auch ein breites kulinarisches Angebot aus aller Welt: vom Döner-Stand über den asiatischen Imbiss bis hin zum Nobel-Italiener. Durch die geografische Nähe zu Italien hat sich in Tirol traditionell ein breites Angebot an Pizzerien und Ristoranti entwickelt. Teilweise findet man auch Pizzen und Tiroler Hausmannskost auf derselben Speisekarte. **Vegetarische** und **vegane Restaurants** sind in Innsbruck und anderen größeren Orten keine Seltenheit mehr. In ländlichen Regionen findet man zumindest vegetarische Gerichte auf der Speisekarte, so z. B. vegetarische Knödelvariationen.

In Tirol wie in ganz Österreich ist es üblich, ein **Trinkgeld** von ca. 10% zu geben. Die **Lokale** schließen in der Regel etwas früher als in anderen europäischen Regionen, was sich auch auf die Küchenzeiten auswirkt. **Rauchen** ist in österreichischen Restaurants und Bars generell verboten.

Stöbern und Shoppen in Tirol

In den vergangenen Jahren haben sich die **Wochenmärkte** immer mehr der Regionalität verschrieben. Man findet hier auch haltbare Produkte wie den feinen Tiroler **Honig** oder **Käse und Speck.** Eine gute Auswahl an Honig findet man beispielsweise im **Bienenhof Zillertal** (s. S. 60) in Strass. Das Alpenland ist auch für seinen **Tiroler Schnaps** bekannt. Da liegt es nahe, ein oder zwei Flaschen mit nach Hause zu nehmen.

Besonders hübsche und regional hergestellte Mitbringsel findet man häufig in **Klosterläden** – zu

Tiroler Steinöl – das heilsame Blut der Alpen

Die Tiroler Bergwelt hütet seit Jahrtausenden einen ganz besonderen Schatz: Bereits seit dem Mittelalter wird im Karwendelgebirge Steinöl gefördert. Damals befand sich das Förderzentrum in der Nähe von Seefeld (40). Das Spezialprodukt gehört seit dem 14. Jh. zum festen Bestandteil der Tiroler Hausapotheke und wurde auch über die Grenzen exportiert.

Der Sage nach handelt es sich beim Steinöl um das Blut des Tiroler Riesen Thyrsus. Diesem wurde durch seinen Rivalen, dem Riesen Haymon, eine schwere Wunde an der Ferse zugefügt, woraufhin sich der Verletzte ins Karwendelgebirge zurückzog und sein Blut nach und nach in den Fels sickerte (s. S. 69).

1902 wurde der Ölschiefer vom Pertisauer Martin Albrecht am Ufer des Achensees (14) entdeckt und gefördert, ehe eine Stein-Lawine die Anlage vernichtete und in den Tiefen des Sees versinken ließ. Doch der Ölpionier gab sich nicht geschlagen und entdeckte auf über 1400 Metern Höhe eine weitere Fundstätte, wo bis heute in vierter Generation Steinöl gefördert wird.

Das stark und eher unangenehm riechende Naturprodukt wird zu kosmetischen Produkten veredelt, die längst eine ansehnliche Fangemeinde gefunden haben. Im Erlebnis-Zentrum Vitalberg werden unter anderem Cremes, Salben, Massageöle, Bäder und Shampoos vertrieben. Ein eigens errichtetes Museum informiert über die Steinöl-Tradition und ein Café im ersten Stockwerk des pyramidenartigen Gebäudes lädt zu Kaffee, Kuchen und Cocktails ein.

101 Tiroler Steinöl Vitalberg, Tiroler Steinöl Weg 3, Pertisau, Tel. 05243 10186, www.steinoel.at, Shop und Museum: Mai–Nov. tägl. 9–17.30 Uhr, Dez.–April 10–16.30 Uhr, Eintritt Museum: 8,50 €, Kinder 6–15 Jahre 4,30 €

nennen wären hier beispielsweise die des Klosters von Stams 42 oder vom Stift Wilten 31 in Innsbruck 25 (s. S. 70). Wer sich für **Glaskunst** begeistert, findet in Rattenberg 13 passende Geschäfte (s. S. 39).

Auch **Tiroler Trachten** sind bisweilen ein Objekt der Begierde. Allerdings sollte man bei der Suche nach dem passenden Dirndl oder der eigenen Lederhose auch in Tirol auf Qualität achten, um kein Billigprodukt aus Fernost nach Hause zu nehmen. Regionale Qualität hat immer ihren Preis!

Achtung: Nicht alle Tiroler Läden akzeptieren **Kartenzahlung.** Wer nicht genügend Bargeld bei sich hat, sollte dies vorher abklären. **Selbstversorger** finden auch in kleinen Tiroler Gemeinden Supermärkte oder zumindest Tante-Emma-Läden.

Beliebtes Mitbringsel: Tiroler Schnaps

034mt-se

Von den Anfängen bis zur Gegenwart

Tirols bewegte Geschichte – das sind Ur-Alpenbewohner, Römer, Bajuwaren und Freiheitskämpfer im Herzen der Alpen. Bedingt durch seine besondere Lage zwischen Italien und Deutschland sind die Handelswege durch Tirol als Nadelöhre seit Jahrtausenden von großer strategischer Bedeutung. Stets war die Region Zankapfel zwischen unterschiedlichen europäischen Völkern und Staaten. Fürsten und Kaiser haben die Geschichte Tirols ebenso geprägt wie Bürger, Bergbauern und der Fremdenverkehr.

Ca. 28.000 v. Chr.: Die ältesten steinzeitlichen Nachweise menschlicher Besiedelung stammen aus der Tischhoferhöhle im Kaisertal 3 bei Kufstein 1.

Ca. 3200 v. Chr.: Die berühmteste europäische Steinzeitmumie – allgemein bekannt als Ötzi – lebt in Tirol und stirbt am Alpenhauptkamm im heutigen Grenzgebiet zwischen Österreich und Italien.

1400–900 v. Chr.: Tirol ist ein wichtiges frühzeitliches Handels- und Bergbauzentrum, was wertvolle Grabbeigaben aus der sogenannten Urnenfelderzeit belegen.

Ab ca. 450 v. Chr.: In den Tiroler Tälern leben verschiedene rätische Völker und keltische Stämme.

Ab 15 v. Chr.: Tirol wird von den Römern erobert und das Gebiet aufgeteilt in die Provinzen Rätien und Noricum. Die Via Claudia Augusta zwischen Reschenpass (s. S. 104), Fernpass und Reutte 57 ist eine bedeutende Handelsstraße. Rätische Völker übernehmen teilweise die lateinische Sprache, was zur Entstehung des Ladinischen führt, das bis heute in manchen (Südtiroler) Tälern gesprochen wird. Erste Kirchen entstehen.

Ca. 530–1000: Nach dem Zusammenbruch des Ostgotenreichs wird Tirol nach und nach von Bajuwaren besiedelt. Der Großteil der Region gehört zum Herzogtum Bayern. Rätische Stämme werden in entlegene Täler verdrängt. Die deutsche Sprache setzt sich durch, das katholische Christentum wird zur Hauptreligion.

878: Angebliche Gründung des Klosters Wilten 31 bei Innsbruck 25 durch den sagenhaften Riesen Haymon, bei dem es sich historisch möglicherweise um einen bayerischen Adeligen handeln könnte.

ca. 1000–1252: Der Aufstieg der Grafen von Tirol beginnt, die sich nach und nach unabhängig vom bayerischen Herzogtum machen. Ihr Stammsitz ist Schloss Tirol bei Meran (Südtirol).

1253–1362: Die Meinhardiner entwickeln sich zu einem der bedeutendsten Adelsgeschlechter des europäischen Hochmittelalters und bauen die Region zu ihrem Machtzentrum aus. Als Begründer eines eigenständigen Tirols gilt Meinhard II. von Tirol und Görz. Im Jahre 1272 stiftet er das Zisterzienserkloster Stams 42, das später auch zu seiner Grablege wird. Etwa 1265 wird die Tiroler Volksheilige Notburga von Rattenberg 13 geboren (s. S. 40).

1363/1369: Gräfin Margarete von Tirol, genannt Maultasch, Tochter des letzten männlichen Meinhardiner Grafen Heinrich von Tirol und Görz, vermacht Tirol nach langjährigem Zwist an Rudolf von Habsburg. Im Frieden von Schärding müssen sich die bayerischen Wittelsbacher mit dem Verlust Tirols an das Haus Habsburg abfinden. Teile des Unterinntals und die Gegend um Kitzbühel 8 bleiben jedoch bei Bayern, Teile des Zillertals 20 bei Salzburg.

ab ca. 1450: Schwaz 17 wird zum wichtigsten Bergbauort Europas. Gefördert werden Silber und Kupfer. Hall 36 wird zur bedeutenden Münzprägestätte unter Siegmund dem Münzreichen. Den Reichtum des Spätmittelalters und der beginnenden Neuzeit symbolisieren Schlösser wie Tratzberg 15 und Ambras 33.

1490–1519: Innsbruck wird Residenz von Maximilian I., der ab 1508 römisch-deutscher Kaiser ist. Im Landshuter Erbfolgekrieg gelingt es ihm, auch Kufstein, Kitzbühel und Rattenberg ins Habsburgerreich einzugliedern. Der „Letzte Ritter", wie er gerne bezeichnet wird, lässt seine Lieblingsresidenz aufpolieren: Berühmte Gebäude wie Ottoburg, Goldenes Dachl 26 und Hofburg 27 prägen die Stadt bis heute.

16. Jh.: Protestantische Reformation und radikal-religiöse Bewegungen wie die Hutterer finden auch in Teilen Tirols Zuspruch, werden jedoch im Rahmen der Gegenreformation unter Federführung der Jesuiten bekämpft und zurückgedrängt. Ein Bauernaufstand, angeführt von Michael Gaismaier, wird 1525 niedergeschlagen. Die Epoche ist geprägt von Missernten und Not infolge einer Zwischeneiszeit.

035mt-se

Darstellung des Jüngsten Gerichts in der Magdalenenkapelle von Hall 36

1600–1800: Vom Dreißigjährigen Krieg weitgehend verschont, entstehen etliche Barockkirchen in Tirol, darunter die Stiftskirche von Stams oder der Dom zu Innsbruck. Während des Spanischen Erbfolgekriegs wird Tirol 1703 Kriegsschauplatz. Bayerische Truppen werden bei Landeck 51 und im Wipptal 38 von den Österreichern besiegt und zurückgedrängt.

1765: Franz Stephan I. von Lothringen, Kaiser des Heiligen Römischen Reichs und Gemahl Maria Theresias, stirbt überraschend in der Hofburg von Innsbruck. Das Sterbezimmer lässt die trauernde Witwe zu einer Kapelle umbauen.

1809: Tiroler Volksaufstand. Unter der Führung Andreas Hofers und seiner Mitstreiter lehnt sich die Tiroler Bevölkerung gegen napoleonische und bayerische Besatzer auf. Es kommt zu mehreren Schlachten am Bergisel 32. Schließlich muss man sich der Übermacht geschlagen geben.

1810: Der Tiroler Volksheld Andreas Hofer wird in Mantua hingerichtet. Sein Grabmal befindet sich in der Innsbrucker Hofkirche 28.

1915–1919: Die Tiroler Alpen werden zum Schlachtfeld des Ersten Weltkriegs. Nach der Niederlage der Habsburger kommt es im Friedensvertrag von St. Germain zur Teilung Tirols: Südtirol gehört seither zu Italien, Nord- und Osttirol bilden das heutige österreichische Bundesland Tirol.

1938–1945: Der Anschluss Österreichs an das Deutsche Reich unter den Nationalsozialisten ändert nichts am Status quo Tirols. Ein Abkommen zwischen Hitler und Mussolini festigt die Grenzziehung; die Südtiroler fühlen sich verraten. Im Zweiten Weltkrieg sind insbesondere die großen Städte und Verkehrsknotenpunkte der Eisenbahn stark vom Luftkrieg betroffen. Allein in Innsbruck sterben 500 Menschen durch 15.000 Tonnen Bomben. Die kleine jüdische Minderheit Tirols verlässt Österreich oder wird während der Schoah verfolgt und getötet.

1945–1980: In der Nachkriegszeit und später entwickelt sich Tirol zu einer der bedeutendsten touristischen Winterdestinationen Europas. Seilbahnen werden gebaut und große Skigebiete entstehen. Aushängeschilder dieser Entwicklung sind die olympischen Winterspiele, die 1964 und 1976 zweimal in Innsbruck und den umliegenden Gemeinden ausgetragen werden.

1999: Der kleine Ort Galtür 54 im hinteren Paznauntal wird von einer Lawinenkatastrophe erschüttert, bei der 38 Menschen ihr Leben verlieren.

Seit 2000: Immer stärker zeigt sich die Klimaerwärmung im Tiroler Hochgebirge. Gletscher wie der Hintereisferner im Ötztal 46 oder der Gepatschferner im Kaunertal 52 ziehen sich mehr und mehr zurück.

2003–2007: Der in Fachkreisen hoch gelobte Neubau der Skisprungschanze durch die britisch-irakische Architektin Zaha Hadid am Bergisel entsteht. Die Architektin entwirft auch die Stationen der Hungerburgbahn 30 als architektonisches Gegenstück im Innsbrucker Norden.

2020: Der Skiort Ischgl gerät international in die Schlagzeilen, da er aufgrund von Après-Ski-Partys maßgeblich zur Verbreitung des Coronavirus in Europa beigetragen haben soll.

2022: Bei der Wahl zum Tiroler Landtag muss die seit Jahrzehnten tonangebende Tiroler Volkspartei Verluste hinnehmen, bleibt aber stärkste Kraft im Land. Statt mit den Grünen regiert sie zukünftig mit der SPÖ.

2023/2024: Im Sommer 2023 begeht Landeck sein hundertjähriges Jubiläum und 2024 wird der Dom zu Innsbruck 300 Jahre alt.

ANHANG

064mt-se

Praktische Reisetipps

An- und Rückreise

Mit dem Auto

Durch seine verkehrstechnisch günstige Lage zwischen Deutschland, der Schweiz und Italien erreicht man Tirol über etliche große Fernverkehrslinien. Von Deutschland aus ist dies u. a. über die **Inntalautobahn (A93)** möglich, die am Inntal-Dreieck bei Rosenheim von der **A8** abzweigt und ab Kufstein 1 als **A12** geführt wird. Von Vorarlberg und der Schweiz besteht ebenfalls eine Autobahnverbindung über Landeck 51 in Richtung Innsbruck 25. Von München aus erreicht man Tirol (Bezirk Reutte/Außerfern) außerdem über die **A95** in Richtung Garmisch-Partenkirchen und danach auf der **Passstraße über Mittenwald (E533).** Von Baden-Württemberg und dem Allgäu aus wählt man in der Regel die **A7** über Kempten bis zur Grenze bei der Stadt Reutte 57. Von dort führt eine wichtige Verbindung über den **Fernpass** nach Süden, und zwar in Richtung Imst 43. In naher Zukunft möchte die 2022 neu gewählte Tiroler Landesregierung auf der bislang kostenfreien Fernpass-Straße eine **Mautgebühr** von ca. 11 € erheben. Ein genauer Termin dafür steht noch nicht fest.

Mit der Bahn

Die wichtigsten Zugverbindungen von Deutschland aus führen über **Rosenheim** und Kufstein nach Innsbruck. Aus Westen verkehren Züge aus **Bregenz und Zürich** nach Landeck. Der wichtigste Tiroler Bahnhof und Drehkreuz der Region ist der Innsbrucker Hauptbahnhof südwestlich der Altstadt. Wer den **Nachtzug** bevorzugt, kann beispielsweise den **Nightjet aus Hamburg** wählen.

Mit dem Bus

Vom **ZOB München** aus steuert das Busunternehmen Flixbus (www.flixbus.de) mehrmals täglich die Tiroler Hauptstadt Innsbruck an (Zwischenhalt in Seefeld 40).

Mit dem Flugzeug

Trotz seiner Lage mitten in den Alpen besitzt **Innsbruck** einen wichtigen österreichischen **Flughafen.** Deutsche Maschinen kommen mehrmals wöchentlich an, österreichische Flieger aus Wien landen täglich. Vom Flughafen gelangt man mit den **Bussen der Linie F** in ca. 20 Min. in die Innenstadt und zum Hauptbahnhof.

› www.innsbruck-airport.com

Vorseite: Auch Vierbeiner brauchen in Innsbruck mal ein Ruhepäuschen

065mt-se

066mt-se

Autofahren

Auf österreichischen Autobahnen herrscht eine **Höchstgeschwindigkeit** von 130 km/h. Zwischen Kufstein 1 und dem Brenner sowie auf anderen Streckenabschnitten besteht großteils ein streng kontrolliertes Tempolimit von 100 km/h. Übertretungen ziehen saftige Bußgelder nach sich. Ganz Tirol ist gepflastert mit Blitzern, weshalb man die häufig wechselnden Geschwindigkeitsbegrenzungen tunlichst einhalten sollte. Innerhalb von Ortschaften gilt wie in Deutschland 50 km/h als Faustregel, in etlichen Innenstädten bestehen aber gesonderte Geschwindigkeitsbegrenzungen von 20 oder 40 km/h.

In Österreich benötigen Autofahrer eine **Autobahnvignette**, die man in Deutschland und der Schweiz an grenznahen Tankstellen sowie an Verkaufsstellen an der Grenze erhält. Zusätzliche **Mautkosten** werden an etlichen Pass- und Bergstraßen, auf der Brennerautobahn und im Arlberg-Straßentunnel erhoben.

Aufgrund der bergigen Lage und den häufig **kurvenreichen Strecken** sollte man in Tirol als Fahrer besondere Vorsicht walten lassen. Die wunderschöne Landschaft kann leicht dazu verleiten, den Blick von der Straße abzuwenden. Daher empfiehlt es sich, regelmäßig einen Parkplatz anzusteuern, um die Tiroler Bergwelt ohne Blechschaden genießen zu können.

Die **Spritpreise** waren in Tirol in den vergangenen Jahren in der Regel etwas günstiger als in Deutschland und der Schweiz.

› **Autobahnvignette:** Die Vignette für die Frontscheibe ist bei Automobilclubs oder an Raststätten und Tankstellen im Grenzgebiet erhältlich, z. B. an der Tankstelle vor dem Grenzübergang Kiefersfelden – Kufstein. Außerdem gibt es

In Tirol werden viele Orte mit Bussen angesteuert

Der Bahnhof von Seefeld 40 ist direkt im Ortszentrum gelegen

die Möglichkeit, eine digitale Vignette zu erwerben (Infos: www.asfinag.at, Achtung: erst 18 Tage nach Kauf gültig!). Die Jahresvignette kostet 96,40 €, die 2-Monats-Vignette 29 € und die 10-Tages-Vignette 9,90 € (Motorräder: 38,20 €/14,50 €/5,80 €).

- **Brenner-Autobahn (A13):** Die Autobahn zwischen Innsbruck 25 und der italienischen Grenze ist eine Sondermautstrecke. Für Autos und Motorräder gilt hier keine Vignettenpflicht, stattdessen muss man für eine einfache Strecke 10 € bezahlen. Wer die Autobahn an der Ausfahrt Schönberg verlässt, zahlt deutlich weniger. Die Bundesstraße zum Brenner ist kostenfrei befahrbar.
- **Winterreifenpflicht:** Diese gilt in Österreich zwischen 1. Nov. und 15. April.
- **Wohnmobilfahrer und Wohnwagen:** Nicht alle Passstraßen sind für Wohnmobile und Wohnwagen gestattet. Weiterführende Infos: www.alpenpaesse.de.

Die Stationen der Hungerburgbahn (s. S. 67) sind barrierefrei

099mt-tw © Tirol Werbung_Koopmann Jörg

Barrierefreies Reisen

In zahlreichen Ferienregionen Tirols gibt es mittlerweile **Hotels,** Ferienwohnungen und Pensionen mit barrierefreier Ausstattung. Im **Nahverkehr** gab es in den vergangenen Jahren etliche Verbesserungen, was Züge und Busse betrifft. Auch auf einen **Ausflug ins Hochgebirge** müssen Menschen mit Handicap nicht verzichten – zum Beispiel kommt man barrierefrei ins Café 3440 (s. S. 99), Österreichs höchstgelegenes Kaffeehaus am Pitztaler Gletscher im Pitztal 50, oder auf die Seegrube (s. Nordkette 30) über den Dächern Innsbrucks 25. Speziell in der **Landeshauptstadt** lassen sich etliche **Attraktionen** der Altstadt inzwischen barrierefrei besichtigen. Infos:

- www.tirol.at/reisefuehrer/barrierefrei
- www.holidaysonwheels.at

Diplomatische Vertretungen

- **Deutsche Botschaft,** Konsulatsreferat, Strohgasse 14 c, 1030 Wien, Tel. 01 71154-0/-123, www.wien.diplo.de, Mo.–Fr. nur nach vorheriger Terminbuchung
- **Schweizer Botschaft,** Prinz-Eugen-Str. 9 a, 1010 Wien, Tel. 01 79505, www.eda.admin.ch/wien, Mo.–Do. 9–12 Uhr

Geldfragen

Auch in Österreich zahlt man mit dem Euro. Tirol ist zwar kein billiges Reiseziel, das **Preisniveau** ist aber großteils vergleichbar mit anderen Regionen Österreichs, etwa mit Wien oder dem Salzburger Land. Das Preis-Leistungs-Verhältnis stimmt in der Regel – außer man will etwa zum Hahnenkamm-Rennen (s. S. 120) nach Kitzbühel 8 reisen, dann zahlt man natürlich deutlich mehr.

Auch die **Preisunterschiede** zum benachbarten Bayern halten sich in Grenzen. Im Vergleich zur Schweiz macht man in Tirol günstiger Urlaub und auch Südtirol ist etwas teurer, was Hotels und Restaurants betrifft.

Touristennepp ist in Tirol unüblich. In der Regel bekommt man für sein Geld eine gute **Qualität.** Die Inflation der vergangenen Jahre in Verbindung mit den massiv angestiegenen Energiekosten haben natürlich auch in Tirol ihre Spuren hinterlassen – dies merkt man etwa an den **steigenden Seilbahn-Preisen.** Pro Person und Tag sollte man zusätzlich zum Hotel rund 50–80 € für Restaurantbesuche, Eintritte etc. einplanen.

In fast allen Tiroler Gemeinden wird eine **Tourismusabgabe (Kurtaxe)** erhoben, die sich zwischen 2 und 3 € pro Nacht bewegt.

Das Bezahlen mit der **Kredit- bzw. Debitkarte**, auch **Girocard** genannt, ist in Hotels und Geschäften in der Regel problemlos möglich. In Gastronomiebetrieben oder Läden sollte man allerdings sicherheitshalber nachfragen, ob man dort auch per Karte bezahlen kann. In Österreich gilt noch immer häufig die Devise: „Nur Bares ist Wahres!“

Informationsquellen

Tirol im Internet

- **www.innsbruck.info/blog:** Blog des Innsbrucker Tourismusverbands mit Aktuellem aus der Landeshauptstadt
- **www.tirol.at:** offizielles Internetportal des Tiroler Tourismusverbands mit einer Vielzahl von Infos, Freizeittipps, Veranstaltungshinweisen und Unterkunftsbuchung

036mt-se

Die Schlossbergspiele (s. S. 41) in Rattenberg 13 sind ein Kulturereignis

Tirol preiswert

In vielen Ferienregionen Tirols gibt es **Gästekarten** oder spezielle **Regiokarten,** mit denen man bei Attraktionen und Seilbahnen teilweise Geld sparen kann. Ein Beispiel dafür ist die **Innsbruck Welcome Card.** Mit ihr öffnen sich die Pforten fast aller bedeutenden Sehenswürdigkeiten der Stadt 25, darunter das Tirol Panorama auf dem Bergisel 32 mitsamt der Sprungschanze, die Hofburg 27, Schloss Ambras 33, der Alpenzoo 29 oder die Swarovski Kristallwelten 37. Zudem kann man in den öffentlichen Verkehrsmitteln der Stadt (IVB-Linien außer STB-Linie) gratis fahren. Auch sieben Bergbahnen in Innsbruck und seinen Feriendörfern (je eine Berg- und Talfahrt) sind im Preis inbegriffen – darunter die Fahrt mit der Hungerburg- und der Nordkettenbahn 30 (Infos: www.innsbruck.info/sehenswuerdigkeiten/innsbruck-card.html). Über weitere Tiroler Gästekarten informieren die regionalen Infostellen (s. S. 132).

067mt-se

In Innsbruck gibt es etliche Souvenirshops

- **https://tirolischtoll.wordpress.com:** liebevoll gestalteter, privater Blog über Tiroler Traditionen, besondere Orte und Tiroler Produkte

Publikationen und Medien

- **Tiroler Krone** (www.krone.at): Österreichs wohl beliebteste Boulevardzeitung ist auch in Tirol präsent – mit speziell auf das Bundesland zugeschnittenen Themen.
- **Tiroler Tageszeitung** (www.tt.com): 1945 als Nachfolgerin der Innsbrucker Nachrichten gegründet, ist dies die am weitesten verbreitete Tageszeitung in Tirol. Sie ist auch als Gratiszeitung TT kompakt erhältlich.

Smartphone-Apps

- **myZillertal:** offizielle App des Zillertals (20) mit Infos, Highlights und Events (kostenlos für Android und iOS)
- **ÖBB Tickets:** Fahrplanauskunft und mobiler Ticketkauf der Österreichischen Bahn (kostenlos für Android und iOS)
- **SOS EU Alp:** Durch die Ortung verunglückter Personen mittels integriertem GPS-Modul kann der Zeitraum zwischen Alarmierung und Rettung verringert werden (kostenlos für Android und iOS).
- **VVT SmartRide App:** mobile Fahrplanauskunft für den öffentlichen Nahverkehr in Tirol (kostenlos für Android und iOS).

Touristeninformation

Die Adressen **regionaler Infostellen** sind im ersten Teil des Buches jeweils unter „Infos und Reisetipps“ gelistet.

Medizinische Versorgung

Mithilfe der **Europäischen Krankenversicherungskarte (EHIC)**, die in der Regel auf die Rückseite der Gesundheitskarte gedruckt ist, kann man in Österreich medizinische Versorgung in Anspruch nehmen. Die Kosten werden von der gesetzlichen Krankenkasse erstattet. Eine Vorkasse ist normalerweise nicht nötig, wird aber in Einzelfällen dennoch verlangt. Da etwa der Krankenrücktransport in die Heimat nicht mitversichert ist, ist der Abschluss einer **Auslandsreisekrankenversicherung** überlegenswert.

Österreich gehört in Europa zu den am stärksten von der **Frühsommer-Meningoenzephalitis (FSME)** betroffenen Gebieten, weshalb eine sog. **Zeckenimpfung** empfohlen wird (mehr Infos unter www.zecken.at).

Aufgrund der vielen Berg- und Skiunfälle haben die Tiroler Kliniken im Sommer wie im Winter allerhand zu tun, die medizinische Versorgung ist aber gewährleistet. **Bezirkskliniken** gibt es beispielsweise in Kufstein (1), Schwaz (17), St. Johann [R2], Reutte 57 und Zams (bei Landeck 51). Größtes **Krankenhaus** der Region ist das Universitätsklinikum in Innsbruck 25:

- 102 [S. 144] **Landeskrankenhaus und Universitätskliniken Innsbruck,** Anichstr. 35, Tel. 050 5040, www.tirol-kliniken.at
- **Apotheken-Auskunft:** Tel. 1455, https://apo24.at

Notfälle

Notrufnummern

- **Notruf allgemein:** Tel. 112
- **Polizei:** Tel. 133
- **Feuerwehr:** Tel. 122
- **Rettung/Notarzt:** Tel. 144
- **Alpinnotruf:** Tel. 140, https://bergrettung.tirol
- **ÖAMTC-Notdienst** (Österreichischer Automobilclub): Tel. 120

Kartensperrung

Bei Verlust der **Debit-/Giro-, Kredit-,** oder **SIM-Karte** gibt es für Kartensperrungen eine **deutsche Zentralnummer** (unbedingt vor der Reise klären, ob die eigene Bank bzw. der jeweilige Mobilfunkanbieter diesem Notrufsystem angeschlossen ist). **Aber Achtung:** Mit der telefonischen Sperrung sind die Bezahlkarten zwar für die Bezahlung/Geldabhebung mit der PIN gesperrt, nicht jedoch für das **Lastschriftverfahren mit Unterschrift.** Man sollte daher auf jeden Fall den Verlust zusätzlich bei der Polizei zur Anzeige bringen, um gegebenenfalls auftretende Ansprüche zurückweisen zu können. In **Österreich** und der **Schweiz** gibt es keine zentrale Sperrnummer, daher sollten sich Besitzer von in diesen Ländern ausgestellten Debit- oder Kreditkarten vor der Abreise bei ihrem Kreditinstitut über den zuständigen Sperrnotruf informieren.

Generell sollte man sich immer die **wichtigsten Daten** wie Kartennummer und Ausstellungsdatum **separat notieren,** da diese unter Umständen abgefragt werden.

- **Deutscher Sperrnotruf:** Tel. +49116116 oder Tel. +493040504050
- **Weitere Infos:** www.kartensicherheit.de, www.sperr-notruf.de

Öffnungszeiten

Die Öffnungszeiten der Tiroler **Geschäfte** variieren. Während manch kleiner Laden auf dem Land unter der Woche nur bis 18 Uhr geöffnet hat und sich eine Mittagspause gönnt, kann man in den großen Kaufhäusern der Städte teilweise bis 20 Uhr einkaufen. Am Samstag schließen manche Läden bereits mittags, andere haben bis 17 Uhr geöffnet. Einige Souvenirshops öffnen sogar sonntags ihre Pforten.

Viele **Restaurants** haben Ruhetage, meist Montag oder Dienstag. In ländlichen Regionen gibt es häufig nur bis 20 oder 21 Uhr warme Speisen.

Museen sind in der Regel zwischen 9 und 17 Uhr geöffnet, einige haben einen oder mehrere Ruhetage (oft montags). **Postfilialen** sind wochentags in der Regel bis 18 Uhr geöffnet. **Banken** haben wochentags variable Öffnungszeiten.

Post

Standardbriefe und **Postkarten** ins europäische Ausland kosten 1,20 € Porto, innerhalb Österreichs 1 €. Außer in Postfilialen erhält man Briefmarken auch in manchen Souvenirshops, in Trafiken (Tabak- und Zeitschriftenläden) und in Schreibwarenläden. Briefkästen sind in Österreich gelb.

Sprache

Die **Tiroler Dialekte** sind für Besucher aus Norddeutschland etwas gewöhnungsbedürftig und teilweise sogar unverständlich. Während man in der Landeshauptstadt und in den Bezirkshauptstädten aber in der Regel kaum Verständigungsprobleme haben dürfte, kann es in abgelegenen Alpentälern schon einmal zu Sprachbarrieren kommen – allerdings nicht nur für Touristen jenseits des „Weißwurstäquators", sondern auch für Ostösterreicher und Bayern. Letztere haben jedoch etwas weniger Probleme – schließlich zählen die Tiroler Mundarten sprachwissenschaftlich zu den **Südbairischen Dialekten.**

Einen universalen Tiroler Dialekt gibt es nicht. So wird im Tiroler Unterland zwischen Kufstein (1) und Kitzbühel (8) anders gesprochen als im Zentralraum rund um Innsbruck (25). In der Gegend um Reutte (57) (Außerfern) herrscht durch die die enge historische Beziehung zum benachbarten Allgäu ein **schwäbisch** beeinflusster Dialekt vor. Im westlichen Lechtal (60) dominiert, ähnlich wie in Vorarlberg und der Schweiz, die **alemannische** Mundart.

Telefonieren

Seit 2017 gibt es in der EU **keine Roaminggebühren** mehr. Damit ist das Telefonieren und Surfen mit dem Handy im EU-Ausland so günstig wie zu Hause – es sei denn, man nutzt das Handy im Ausland über einen längeren Zeitraum hinweg, dann können je nach Anbieter Nutzungsobergrenzen gelten.

Die **Ortsvorwahlen** in Tirol variieren und sind im Buch jeweils mit angegeben (z.B. Innsbruck: 0512). Wer von einem nicht österreichischen Handy oder vom Ausland aus eine österreichische Festnetznummer anrufen möchte, wählt zunächst die 0043 und lässt dann die 0 der Ortsvorwahl weg.

Vorwahlen

- **Deutschland:** 0049
- **Österreich:** 0043
- **Schweiz:** 0041

Typisch Tirol: Souvenir mit augenzwinkernder Botschaft

068mt-se

Wetter und Reisezeit

Das **Klima** in Tirol ist natürlich maßgeblich von den **Alpen** bestimmt. Prinzipiell wirken die Gebirgsketten als Wasserscheidewände. Obwohl ein gemäßigtes Klima herrscht, gibt es kleinräumige Unterschiede. So kann es zum Beispiel vorkommen, dass sich atlantische Tiefausläufer in der Region Außerfern abregnen, während im Pitztal 50 oder im Ötztal 46 gleichzeitig die Sonne scheint.

Die Monate **März bis Mai** können schon Frühlingstage hervorbringen, allerdings ist das Wetter in diesen Monaten unberechenbar. In manchen Jahren zieht sich der Winter noch bis in den April und Schnee an Ostern ist keine Seltenheit. Der Mai und der Juni sind oft regnerisch, an schönen Tagen sind die Täler jedoch geschmückt mit Frühlingsblüten.

In den Sommermonaten **Juli und August** kann es in den Tälern heiß werden. Temperaturen von 30 °C sind dann im Kessel von Innsbruck 25 keine Seltenheit. In höheren Lagen um 1000 m lässt es sich dagegen gut aushalten und Gebirgsseen sorgen zusätzlich für Abkühlung.

Prinzipiell kann es den ganzen Frühling und Sommer über immer wieder zu **Gewittern** kommen – speziell im **Hochgebirge** kann das Wetter bisweilen blitzschnell umschlagen.

Im **September und Oktober** ist es in Tirol meist trocken und sonnig. Im Altweibersommer und Frühherbst sorgt das farbenfrohe Laub für ein leuchtendes Spektakel. Speziell zum **Wandern** (s. S. 114) ist diese Zeit ideal.

Auch der **November** hält oft noch schöne Tage parat. Die Nächte werden aber schon kälter, der Morgennebel hält sich länger und die Berggipfel sind häufig schon mit einer Schneeschicht überzogen. Außerdem schließen viele Attraktionen ab Ende Oktober ihre Pforten.

Zwischen Dezember und März ist es in Tirol in der Regel kalt – jetzt hat der **Wintersport** (s. S. 117) Hochkonjunktur und auch die Hotels und Pensionen (s. S. 14) sind oft ausgebucht, ebenso wie in der Sommersaison von Juli bis Anfang September. Insofern bieten sich für Reisende, die nicht an Schulferien gebunden sind, insbesondere die Monate Juni, September und Oktober für einen Tirol-Aufenthalt an.

Durchschnitt	Wetter in Innsbruck in Tirol											
Maximale Temperatur	1°	4°	11°	16°	20°	24°	25°	24°	21°	15°	8°	2°
Minimale Temperatur	-7°	-5°	0°	4°	8°	11°	13°	12°	10°	5°	0°	-4°
Regentage	13	13	11	14	15	19	19	17	14	12	12	13
	Jan	Febr	März	Apr	Mai	Juni	Juli	Aug	Sept	Okt	Nov	Dez

Register

☑ *Blick auf das idyllische Bergdorf Bschlabs (s. S. 111)*

101mt-se

REISE KNOW-HOW
@ReiseKnowHow
@reiseknowhowverlag
@Reise_KnowHow
auf www.reise-know-how.de
für den Newsletter anmelden
Zugspitze Foto: Aneta Niemitz
Wohnmobil-Tourguide | Kauderwelsch | Landkarten | Soul Places

Impressum

Sven Eisermann

MeinTrip Tirol

1. Auflage 2023

ISBN 978-3-8317-3737-6

Printed in Germany

Druck und Bindung:
mediaprint solutions GmbH, Paderborn

Herausgeber: Ulrich Kögerler, Klaus Werner
Layout: amundo media GmbH (Umschlag, Inhalt), Peter Rump (Umschlag)
Lektorat: amundo media GmbH
Karten: Ingenieurbüro K. Wendler, amundo media GmbH
Anzeigenvertrieb: KV Kommunalverlag GmbH & Co. KG, Alte Landstraße 23, 85521 Ottobrunn, Tel. 089 928096-0, info@kommunal-verlag.de
Kontakt: Osnabrücker Str. 79, 33649 Bielefeld, info@reise-know-how.de

Alle Angaben in diesem Buch sind gewissenhaft geprüft. Preise, Öffnungszeiten usw. können sich jedoch schnell ändern. Für eventuelle Fehler übernehmen Verlag wie Autor keine Haftung.

Bildnachweis

Umschlagvorderseite: © Britta und Ralph Hoppe - www.FooTToo.de, stock.adobe.com | Umschlagrückseite: © Eva Bocek, stock.adobe.com | Umschlagklappe rechts: Sven Eisermann | S. 143: Sven Eisermann

Soweit ihre Namen nicht vollständig am Bild vermerkt sind, stehen die Kürzel an den Abbildungen für die folgenden Fotografen, Firmen und Einrichtungen. Sven Eisermann: se | Tirol Werbung: tw

Tirol mit PC, Smartphone & Co.

QR-Code auf dem Umschlag scannen oder **www.reise-know-how.de/meintrip/tirol23** eingeben und die **kostenlose Web-App** aufrufen (Internetverbindung zur Nutzung nötig)!

★**Anzeige der Lage und Satellitenansicht aller** beschriebenen Sehenswürdigkeiten und weiteren Orte

★**Routenführung** vom aktuellen Standort zum gewünschten Ziel

★**Updates** nach Redaktionsschluss

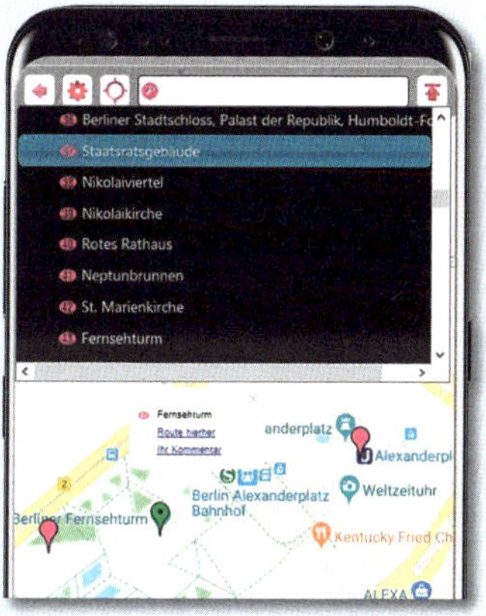

GPS-Daten zum Download

Die GPS-Daten aller Ortsmarken stehen auf der Produktseite des Titels auf www.reise-know-how.de zum Download zur Verfügung.

Unsere App-Empfehlungen zu Tirol

- **myZillertal:** offizielle App des Zillertals ⑳ mit Infos, Highlights und Events zur Region (kostenlos für Android und iOS)
- **ÖBB Tickets:** Fahrplanauskunft und mobiler Ticketkauf der Österreichischen Bundesbahn (kostenlos für Android und iOS)
- **SOS EU Alp:** Durch die Ortung verunglückter Personen mittels integriertem GPS-Modul kann der Zeitraum zwischen Alarmierung und Rettung verringert werden (kostenlos für Android und iOS).
- **VVT SmartRide App:** mobile Fahrplanauskunft für den öffentlichen Nahverkehr in Tirol (kostenlos für Android und iOS).

Die Information über und die Bereitstellung von digitalen Zusatzinhalten (z. B. Web-App, Links, GPS-Tracks o. Ä.) ist eine freiwillige Zusatzleistung des Verlages, auf die kein Anspruch besteht und für deren Richtigkeit aufgrund der Veränderlichkeit solcher Informationen auch nicht gehaftet werden kann. Insbesondere behält sich der Verlag deshalb vor, die Bereitstellung und die Zugriffsmöglichkeit zeitlich zu befristen und den Zugriff hierauf auch vorfristig abzuschalten.

Zeichenerklärung

- Sehenswürdigkeit
- Aussichtspunkt
- (Besucher-)Bergwerk
- Bibliothek
- Biergarten, Pub, Kneipe
- Burg, Schloss
- Café
- Campingplatz
- Denkmal
- Freibad
- Flughafen
- Geschäft, Kaufhaus, Markt
- Golfplatz
- Hallenbad
- Höhle
- Hotel, Unterkunft
- Imbiss, Bistro
- Informationsstelle
- Kapelle
- Kirche
- Kloster
- Krankenhaus, Arzt
- Mautstraße
- Moschee
- Museum
- Musikszene, Club, Disco
- Parkplatz
- Restaurant
- Sehenswürdigkeit
- Skisprungschanze
- Sonstiges
- Straßenbahn-Halt
- Synagoge
- Theater
- Tiergehege, Wildpark
- Turm, Sendeturm

Bewertung der Attraktionen

- ★★★ nicht verpassen
- ★★ besonders sehenswert
- ★ wichtig für speziell interessierte Besucher

Legende Stadtplan Innsbruck

- 26 [S. 144] Goldenes Dachl S. 63
- 27 [S. 144] Kaiserliche Hofburg S. 64
- 28 [S. 144] Hofkirche und Silberne Kapelle S. 65

- 1 [S. 144] Altstadthotel Weisses Kreuz S. 15
- ★55 [S. 144] Stadtturm S. 63
- 58 [S. 144] Die Wilderin S. 75
- 59 [S. 144] Gasthof Goldener Adler S. 75
- 61 [S. 144] Markthalle S. 75
- 62 [S. 144] Seifengeschäft Walde S. 76
- 63 [S. 144] Tirol geniessen S. 76
- 64 [S. 144] Tourismus Information Innsbruck S. 76
- 102 [S. 144] Landeskrankenhaus und Universitätskliniken Innsbruck S. 133

Gnadenbild Mariahilf von Lucas Cranach d. Ä. im Innsbrucker Dom

104mt